JN074119

はじめに

江戸は五〇〇年以上も前から関東の港湾都市として賑わいを見せていた。ところが、天正18年（1590）に徳川家康が居城に定めたことで、大きく変貌を遂げる。

当初は軍事拠点として城の整備が進められたが、関ヶ原の戦いで徳川家が勝利したのち武家人口・町人人口が急増すると、一大消費地点として発展していく。ついには世界最大級の百万都市にまで成長し、現代東京の礎が築かれることとなる。

本書では、そんな江戸という巨大城下町を、「間取り」を介して解説していく。具体的には江戸城のほか、武家地、町人地、寺社地、江戸郊外地という五つの土地毎に章を分け、各建物の内部構造や周辺の俯瞰図を見ながら、江戸に住む人々の暮らしに迫る。

江戸城の項では、今はなき天守のほか、将軍とその家族が住み幕府の政庁空間でもあった本丸御殿の間取りを紹介する。

続く武家地の項では、大名屋敷、旗本・御家人屋敷に加えて、幕府が江戸の各所に設けた施設を取り上げる。行政関連の施設としては、時代劇でもお馴染みの町奉行所、牢屋敷、人足寄場、養生所などの間取りを紹介する。

町人地の項では、経済力のある町人が住んだ表店、懐の寂しい町人が住んだ裏店のほか、自身番屋・木戸番屋などの公共施設、湯屋などの共同施設、そして娯楽施設の芝居小屋・吉原の間取りを紹介する。

寺社地の項では、将軍から厚い崇敬を受けた増上寺・寛永寺・浅草寺、日枝神社の境内図などを紹介する。

最後の江戸郊外地の項では、宿場町のうち江戸四宿の一つである東海道品川宿、農村部では八王子宿に住む千人同心組頭の屋敷、多摩郡野崎村名主の屋敷の間取りを紹介する。

この五つの切り口を通じて、城下町江戸で暮らす武士や町人の生活を、様々な間取り図とともに解き明かしていこう。

本書執筆にあたっては彩図社編集部の名畑諒平氏の御世話になりました。深く感謝いたします。

2024年3月

安藤優一郎

【新版図解】

江戸の間取り

目次

第四章 寺社地の間取り

江戸急成長の秘密

百万都市江戸は、身分により三つに区分される街であった。武士が住む武家地、町人が住む町人地、寺社が鎮座する寺社地の三つから構成された。

江戸は武家地が約70％を占め、町人が住む町人地と寺社地が同じく約15％ずつを分け合っていた。江戸は城下町であった以上、城を中心に武家地が過半を占めたのは当然だろう。

江戸が百万都市に成長する転機となったのは、明暦3年（1657）に起きた明暦の大火である。江戸城をはじめ城下の過半が焼失する大惨事であった。幕府はこれを教訓に、江戸の防災都市化を強力に推進する。将軍の住む江戸城を守るため、その周辺に集中していた大名や幕臣の屋敷、町人が住む屋敷、そして寺院や神社までも江戸郊外の農村部へ大々的に移転させる

都市改造を断行したのだ。建物がたて込んでいて火事による被害が拡大してしまったことへの深刻な反省が、背景にあった。

これが呼び水となる形で、江戸は急速に膨張する。江戸郊外の農地が宅地化されて、人が住みはじめる流れに拍車がかかった。特に町人の人口が急増した結果、江戸は百万都市へと成長する（左ページ図参照）。

朱引と墨引

町人（地）の支配にあたる町奉行所は、郊外の農村部に町人が住み着いて町場化するのを追いかける形で、該当の町場を町人地として認定する。支配下に組み入れることで、江戸の町に編入していった。

だが、町場化のスピードが速いあまり、町奉行所は現状を充分に把握できなくなる。その結果、江戸の町

◎江戸の町人人口増加の推移

時期	出来事
江戸初期	日本橋や神田などの「**古町**」（現在の千代田区や中央区）約300ヶ町を町奉行が支配。
明暦3年 （1657）	**明暦の大火**により江戸城や城下町の大半が焼失。防火対策として都市の拡張事業が始まる。
寛文2年 （1662）	代官支配下にあった芝・三田・飯倉～下谷・浅草（現在の港区・渋谷区や台東区などの一部）までの約300ヶ町が町奉行支配に編入。
正徳3年 （1713）	浅草・小石川・牛込・市谷・四谷・赤坂・麻布（現在の新宿区や文京区などの一部）の259ヶ町が町奉行支配に編入。**江戸八百八町を超える。**
享保4年 （1719）	隅田川東岸の本所・深川地域（現在の墨田区や江東区）も町奉行支配下に。
延享2年 （1745）	寺社の門前町440ヶ所なども寺社奉行から町奉行支配へと移管。町人地は江戸の土地の15％を占めるようになり、人口は50万人を超える。

の範囲と町奉行支配地域（町人地）が一致しない事態が起きはじめた。よって、**幕府内でも担当部局で江戸の町の範囲が異なっていた**。寺社が堂社修復のための寄付を一般に募ることを勧化（かんげ）と言ったが、寺社奉行が江戸の町を対象に勧化を許可する場合、その範囲（勧化場という）は町奉行支配地域よりも広かった。後に「**朱引内**（しゅびきうち）」と称される範囲にほぼ等しい。寺社奉行がイメージする江戸の町は町奉行のイメージよりも大きかったのである。

このように、町奉行や寺社奉行で江戸の町の範囲が異なっていた。幕府は見解を統一する必要に迫られる。

文政元年（1818）、幕府は寺社の勧化場をもとに江戸の絵図に朱線を引き、江戸の町つまり、御府内（ごふない）の範囲を確定する。以後、御府内は「朱引内」

『旧江戸朱引内図』。外側の線は、江戸の街の範囲を表す朱引。内側の黒い線は、町奉行の支配範囲を表す墨引（東京都公文書館所蔵）

と称された。同じ絵図には町奉行支配の範囲も墨で引かれ、「墨引内（すみびきうち）」と称された。江戸の町が町奉行支配地域を越えて拡大していたことが図面でも明示される。

江戸は膨張を続けたまま、やがて明治を迎えて東京となるのである。

第一章　江戸城の間取り

江戸城の基本

戦国時代に日本全国にわたって夥しく築かれた城の　　おびただ
なかでも、**江戸城は桁外れの巨大さが何よりもの特徴**
である。武家の棟梁が住むにふさわしい威容を備える
ことで、諸大名を屈服させる。そんな意図から、初代
将軍・徳川家康は巨大城郭の完成を目指す。

江戸城は、応仁の乱の少し前にあたる長禄元年　　　ちょうろく
（1457）に、太田道灌によって築かれた。天正18年　　おおたどうかん
（1590）に徳川家康がこの地を居城と定めたことで、
小田原城に代わり関東を支配する城となる。家康入城　　じょうかく
時の江戸城は本丸と二の丸、三の丸しかなく、その規
模も三万坪ほどだった。

家康は江戸城を関東支配にふさわしい城とするた
め、本丸と二の丸、三の丸を区切っていた空堀を埋め　　からぼり
立てて本丸の規模を拡大させる。西の丸の築造も開始
するが、豊臣秀吉から伏見城築城の手伝いを命じられ
たため拡張工事は頓挫してしまう。

慶長8年（1603）、家康は征夷大将軍に任命され
て江戸に幕府を開く。以後は「**天下普請**」と称し、全　　てんかぶしん
国の大名を動員して江戸城及び城下町の拡張工事に着
手する。工事は、三代将軍家光の時代まで三〇年以上
も続き、日本最大の城郭が完成した。その巨大さは以
下にみるとおり数字からも確認できる。

城は内郭と外郭から構成される。城の外側に廻らさ　　ないかく　がいかく
れたのが外郭（総構えともいう）で、その内部に設けら　　そうがま
れた郭が内郭だ。内郭は内堀で区切られ、外郭は城下　　くるわ
町を含む格好で外堀により区切られた。内郭・外郭の
要所には城門が設けられ、防御力が高められた。

明治に入り皇居と定められた時の数字によれば、江
戸城内郭の面積は堀を含めて三〇万六七六〇坪にも達
した。**東京ドーム二一個分以上**にあたる。

本丸を囲むように、東側に二の丸と三の丸、南西
側に西の丸、北側に北の丸、西側に吹上御庭などが　　ふきあげおにわ

配置された。本丸、二の丸、三の丸、西の丸は防御力を強化するため、各空間が水堀で区切られた。本丸の規模は三万四五三九坪。二の丸は二万七五八五坪。三の丸は二万二〇六七坪、西の丸は六万八三八五坪。吹上御庭が一三万五六八坪だった（『東京市史稿　皇城篇』）。

本丸・二の丸・三の丸・西の丸には御殿が造られた。本丸御殿は現将軍とその家族、二の丸御殿は前将軍の御台所（正妻）など、三の丸御殿は五代将軍綱吉の生母桂昌院などが住んだ。西の丸御殿には前将軍や将軍世子が住んだ。後に北の丸には、八代将軍吉宗が創設した徳川御三卿のうち田安徳川家と清水徳川家の屋敷が建てられる。

西の丸御殿は、本丸御殿が焼失した時に将軍の住居として代用された。本丸御殿も西の丸御殿も何度か焼失するが、文久3年（1863）に本丸御殿が焼失した後は再建されなかった。よって、代用された西の丸御殿が将軍の住居として江戸城開城の時を迎える。

江戸城内郭図

（広さ…30万6760坪）

北の丸　8代吉宗の時代に御三卿の屋敷が置かれた

半蔵門　甲州道中につながる。山王祭の出車が入城した

田安家

清水家

吹上御庭　城内の庭園

馬場

馬場

新馬場

天守台

東照宮

御文庫

本丸

不浄門　平河門の一部で、城内の罪人・死者の出入り口

山里

西の丸

平河門　大奥への出入り口

二の丸

三の丸

中ノ門　御三家でも駕籠から降りる

建物

堀・池など水部

紅葉山　1618年に家康の霊廟としてこの地に東照宮が置かれた。3代家光の時代には、将軍の書庫である御文庫が新設された

大手三之門　御三家以外は駕籠から降りる必要あり

大手門　江戸城の正門。藤堂高虎・伊達政宗が建築

（『東京市史稿 皇城篇 附図』『江戸博覧強記』所収の江戸城内郭図などを元に作成）

江戸城天守

強固な防御力を誇る要塞だった旧江戸城

巨大天守の建設

かつて江戸城の本丸には、壮大な天守が聳え立っていた。だが、その歴史は短く、江戸初期の五〇年ほど存在したに過ぎない。二度にわたって焼失と再建を繰り返し、明暦3年（1657）の明暦の大火で三たび焼失すると、以後天守は再建されなかった。

家康により造られた江戸城最初の天守は、慶長12年（1607）に完成する。最近までその詳細は不明だったが、島根県松江市の松江歴史館が収蔵する「江戸始図」の調査を通じて、現存する姫路城天守と同じく、一つの大天守と三つの小天守が渡櫓で繋がれた連立式天守であったという説が提唱された。大天守、小天守、渡櫓で囲まれた空間は天守曲輪と呼ばれ、天守の防御力を高める効果が期待された造りである。

さらに、本丸南側には外枡形の虎口を五段連ねることで、天守を含めた本丸の防御力そして反撃力が強化されている。虎口とは城郭への出入り口のことだ。西国では、枡形の区画とすることで、直進できないようにする仕掛けが定石である。家康はこれを五段構えにすることで、防御（反撃）力をより高めようと目論む。

本丸北側には、東国で発展した築城技術である「馬出し」が三段構えで造られた。馬出しとは虎口

◎江戸城天守の間取り図（1607〜1609頃）

馬出し

天守曲輪

堀

枡形の虎口
こぐち

西丸

馬出しも枡形の虎口も防御力向上の効果あり

◎江戸城の防御力強化策

天守	防壁1	防壁2
天守曲輪 てんしゅくるわ	**外枡形の虎口**※ そとますがた こぐち	**馬出し** うまだ
大天守と三つの小天守を繋ぐ連立式天守の可能性もあり。天守単体より防御力が高い。	虎口＝城郭への出入り口。直進できないよう枡形に構築。西日本の城造りの定石。	虎口の外側に設けられた空間。反撃力の強化を狙った。東日本の城造りの定石。

※曲輪の外側にある枡形は外枡形、内側のにある枡形は内枡形

◎馬出しイメージ

弓や鉄砲で敵を攻撃

馬出し部分

馬出しの周囲には堀

敵の侵入路を限定

の外側に設けられた空間で、その前面に堀が築かれるのが定番だ。枡形虎口と同じく防御（反撃）力の強化を狙った仕掛けで、三段構えとすることでさらなる強化を目指した。

家臣統制に江戸城を活用

江戸城本丸の防御力が強化された裏には、豊臣家に代わり天下人の座に就いた家康の苦悩があった。当時は大坂城に豊臣家が健在である。天下の情勢が急変して豊臣家や豊臣恩顧の諸大名が江戸城を攻めてくるかもしれない。そんな事態を懸念したのだ。

日本最強の城郭に造り上げたことは、徳川家内部に対する効果も期待できた。意外にも、家康は天下取りの過程で激増した家臣団の統制に苦しんでいた。江戸城を通じて将軍という卓越した存在であることを家臣団に認識させ、統制を強化したい目論みも秘められていた（千田嘉博『江戸始図でわかった「江戸城」の真実』宝島社新書）。

だが、写図である「江戸始図」から推定された以上の説には疑義も呈されている。小天守の存在を窺わせる描写は転写の際の誤写であり、小天守の存在を認めることは難しい。要するに、連立式天守ではない。さらに、虎口が五連続の外枡形であったとの判断は誤認という（斎藤慎一「慶長期の江戸城〜「慶長江戸図」・「江戸始図」の再検討〜」『東京都江戸東京博物館紀要』第九号）。後考を俟ちたい。

天守消滅へ

だが、天守の寿命は短かった。

火災のため、二〇年もたたないうちに焼失する。

元和9年（1623）に二代将軍秀忠が再建するが、それは連立式天守ではなかった。最大の対抗勢力だった豊臣家はすでに滅び、幕府の礎は固まりつつあったことが背景にあった。再建に当たらせる諸大名の負担が増すことも懸念したはずである。本丸の防御力強化のため採用した三段構えの馬出しも、いつしか幻となる。

この秀忠が再建した天守も火災で焼失する。寛永15年（1638）に三代将軍家光によって再建されるが、その時の再建図面によると、小天守や渡櫓が連結しない独立式天守であり、天守は一つだけだっ

3代家光。家康が建てた江戸城は火災で焼失したが、秀忠や家光らが規模を縮小して再建した（模本／東京大学史料編纂所蔵）

た。

天守本体は、同じく五層で地上五階地下一階の構造であった。石垣を含めた高さは六〇メートル近くなかった。家康が造った天守よりことを背景に、天守は展望のためのものでしかなくなっていたからだ。それよりも灰燼に帰した城下低いものの、姫路城天守よりも少し高かった。一階の床面積も一二七〇平方メートルあり、姫路城天守に比べると倍以上の規模だった。

ただ、家光が造った天守の寿命も短く、約二〇年後の明暦の大

火により焼失する。翌万治元年（1658）に現存する天守台は再建されたが、天守本体は再建されなかった。泰平の世となっていた町の復興に人力を投入すべき、という四代将軍家綱の叔父で将軍補佐役でもあった保科正之の進言が受け入れられたのである。

その後、六代将軍家宣の時代である正徳2年（1712）に再建の話が持ち上がるも、頓挫する。こうして、天守は再建されることなく現在に至る。

本丸御殿・表

厳しい身分制のうつし鏡のような空間

役人の勤務場所「表」

江戸城の主である将軍は、本丸に建てられた御殿に住んでいた。

大まかに言うと、本丸御殿は表、中奥、大奥の三つの空間から構成されている。表は幕府の役人が勤務する政庁空間であると同時に、諸大名が将軍に拝謁する儀礼が執行される空間でもあった。

表は、現在に喩えれば首相官邸と霞が関の官庁を合わせたような空間である。

その中枢は幕府の閣僚である老中や若年寄が詰める御用部屋だ。老中・若年寄には下部屋という控室も与えられ、下部屋から御用部屋に集まることになっていた。

御用部屋の近くには幕政の陰の実力者である奥右筆や表右筆の部屋が置かれた。奥右筆や表右筆は老中たちを補佐する政務秘書官のような役職である。

大名のランクで部屋が違う

一方の儀礼空間として使われた部屋は、御用部屋や下部屋とは異なり、大人数を収容できる大部屋だった。幕府の役職に就いている大名や幕臣は日々登城して各々の詰所で職務を執るが、無役の大名も登城して将軍に拝謁する儀式に参列する日が設けられていた。年始、桃の節句などの五節句、毎月定例の登城日（1日・15日など）に

◎本丸御殿表【将軍の応接間】の間取り図(1844)

（『東京市史稿 皇城篇 附図』『江戸博覧強記』所収の大奥図などを元に作成）

①上御用部屋…老中政務所	**⑧大広間**…本丸御殿最大の儀礼空間
②次御用部屋…若年寄政務所	1. 御上段、2. 御中段、3. 御下段
③上勘定所…勘定奉行政務所	4. 二之間、5. 三之間、6. 四之間
④奥右筆部屋…老中らを補佐する政務秘書官の執務所	**⑨白書院**…御殿2番目の大きさの儀礼空間
	1. 御上段、2. 御下段、3. 連歌之間、4. 帝鑑之間
⑤表右筆部屋…老中らを補佐する政務秘書官の執務所	**⑩黒書院**…御殿3番目の大きさの儀礼空間
⑥老中下部屋…老中控室	1. 御上段、2. 御下段、3. 囲炉裏之間
⑦若年寄下部屋…若年寄控室	4. 西湖之間、5. 溜之間(松溜) さいこのま　　たまりのま　まつだまり

①〜⑦…幕閣の仕事場

⑧〜⑩…大名が将軍に謁見する場

加え、若君誕生や婚礼の時などが登城日に指定された。

これらの登城日に、諸大名が将軍に拝謁する場所は主に大広間・白書院・黒書院の三つの部屋だった。**注目すべきは、儀式の内容と参列者の身分により、参列する部屋が使い分けられた点である。**

まず、日常的に登城する幕府役人と無役の大名では、御殿への入り口が異なっていた。役人たちはいわば勝手口のような「納戸口」や「中之口」から御殿に入ったが、大名は玄関からあがった。

登城した諸大名は割り当てられた部屋に直行する前に、「殿席」と呼ばれた控え室に入った。拝謁するまでの時間を殿席で過ごし、拝謁の時間が迫ってくると該当の部屋に移動した。その部屋を「礼席」と呼んだ。

殿席には、左図の七つがあった。大名のランクに応じ、席つまり部屋が分けられていた。

最も格の高い大名である将軍の親族大名の部屋は、大廊下だ。続

⑩黒書院（約200畳）

❷

中庭

❺ ❽

❻

❹

⑨白書院（約300畳）

❶

松の廊下

中庭

❼

❸

⑧大広間（約500畳）

大名は入城すると、❶～❼の異なる部屋に控えた。

⑧大広間（おおひろま）…本丸御殿最大の儀礼空間
⑨白書院（しろしょいん）…御殿二番目の大きさの儀礼空間
⑩黒書院（くろしょいん）…御殿三番目の大きさの儀礼空間

◎儀礼空間の広さ

大広間（約500畳）		白書院		黒書院	
御上段	24～28畳	御上段	28畳	御上段	18畳
御中段	28～32畳	御下段	24～28畳	御下段	18畳
御下段	36～39畳	連歌之間	28～30畳	囲炉裏之間	15畳
二之間	54～63畳	帝鑑之間	26～38畳	西湖之間	15畳
三之間	60～67畳			溜之間（松溜）	24畳
四之間	82～84畳				

礼席（れいせき）（登城した大名が将軍に謁見した部屋）

【年始の儀式の場合】

❶大廊下席の大名→白書院
❷溜之間席の大名→白書院
❸大広間席の大名→大広間
❹帝鑑之間席の大名→大広間
❺雁之間席の大名→大広間
❻菊之間席の大名→大広間
❼柳之間席の大名→大広間

ランク高 ／ ランク低

【定例の登城の場合】

❶大廊下席の大名→黒書院
❷溜之間席の大名→黒書院
❸大広間席の大名→白書院
❹帝鑑之間席の大名→白書院
❼柳之間席の大名→白書院
❺雁之間席の大名→西湖之間
❻菊之間席の大名→雁之間

殿席（てんせき）（登城した大名が控えた部屋）

ランク高

❶大廊下 おおろうか
徳川御三家や将軍家ゆかりの外様大名

❷溜之間 たまりのま
井伊家など有力譜代大名

❸大広間 おおひろま
従四位以上の親藩大名や外様大名

❹帝鑑之間 ていかんのま
江戸時代以前から徳川家に仕えた譜代大名

❺雁之間 がんのま
江戸時代以降に徳川家に仕えた城持ちの譜代大名

❻菊之間 きくのま
江戸時代以降に徳川家に仕えた城なし譜代大名

❼柳之間 やなぎのま
大広間に殿席を与えられなかった外様大名

ランク低

※❽芙蓉之間 ふようのま
町奉行や勘定奉行などの幕臣が割り当てられた

けて、譜代大名でもトップクラスの家に与えられた部屋である溜之間。大広間は、従四位以上の位階を持った徳川一門に連なる親藩大名や外様大名の部屋。帝鑑之間は、江戸時代以前より徳川家に仕えていた大名（譜代大名）。雁之間と菊之間は、江戸時代に入り大名に取り立てられた譜代大名の部屋だが、城持ちは雁之間、城を持たなければ菊之間だった。柳之間は、大広間に殿席が与えられなかった外様大名の部屋だが、これが最も格が低かった。

年始の儀式では白書院と大広間が礼席だったが、同じく大名のランクで席が分けられており、白書院の方が格上である。大廊下と溜之間を殿席に指定されていた大名は白書院に席を移し、将軍に拝謁した。それ以外の大名は大広間に移動し、拝謁した。

定例の登城日では、黒書院、白書院、西湖之間、雁之間が礼席であり、黒書院が最も格が高く、以下低くなっていく。大廊下と溜之間が殿席の大名は黒書院。大広間、帝鑑之間、柳之間が殿席の大名は白書院。雁之間の大名は西湖之間。菊之間の大名は雁之間が礼席に指定された。

本丸御殿・中奥

老中さえも入れない将軍の生活空間

将軍に会えない幕閣たち

中奥は将軍が日常生活を送るとともに政務を執る空間であり、将軍の許可がなければ入ること自体許されない空間でもあった。閣僚である老中でさえ、例外ではない。そのため、大半の役人の御殿内での行動範囲は表にとどまった。

一方、将軍の行動範囲は中奥や大奥にほぼ限られた。将軍が表に

お出ましになるのは事実上、諸大名の拝謁を受ける時だけであった。

中奥に入れたのは、将軍の側近である側用人や御側御用取次などの御側衆、将軍の警護にあたる御小姓衆、身の回りの世話をする御小納戸衆、将軍の脈をとる奥医師ぐらいである。

老中が政務について将軍に上申する時も、自身が中奥にいる将軍の面前に向かうのではな

かった。中奥に出入りできる御側衆をして案件を取り次がせた。

中奥で御側衆からの説明を受けると、将軍は何らかの指示を与えることになる。といっても、将軍から老中に、直接伝えたのではない。将軍の意を受けた御側衆が表に遣わされた。老中が詰める御用部屋に赴いて、その意を伝言させたのである。御側衆が表と中奥を行ったり来たりしていた。

そのため、柳沢吉保や田沼意次

あかがねべい
銅塀…中奥と大奥を区切る塀。原則として将軍だけが出入り可能

中奥…将軍の生活空間、政務所

中奥

表

御錠口 おじょうぐち
御側衆が出入り。
老中はここで御側
衆と情報交換

①**御座之間** ござのま…許可を得た役人が将軍に謁見する部屋	
②**御休息** ごきゅうそく…寝室・政務所。大半をこの部屋で過ごした	
③**楓之間** かえでのま…居間。小姓と囲碁や将棋などを楽しんだ	
④**双飛亭** そうひてい…四畳半の茶室。1844年に火事で 本丸御殿が焼失すると、再建時にこの茶室が増築された	
⑤**御湯殿** おゆどの…浴室。小姓が衣類を預かり、小納戸役が身体を洗った。 その際には糠袋を7〜8個使用	
⑥**御不浄** ごふじょう…トイレ	⑦**御膳所** ごぜんしょ…調理場

（『東京市史稿 皇城篇 附図』『江戸博覧強記』所収の大奥図などを元に作成）

に象徴されるように、本来は取次
役に過ぎなかった御側衆に権力が
移行していく。将軍は表よりも中
奥で過ごす時間の方がはるかに長

御側衆から頭角を現した柳沢吉保（左）と田沼意次（右）。柳沢は5代
綱吉の、田沼は9代家重・10代家治の信任を得て大名にまで出世し、
幕政を主導した（模本／東京大学史料編纂所所蔵）

かったため、**将軍と身近に接する
ことができる中奥勤務の者が権力
を持つようになった**わけだ。政務
空間と将軍の生活空間が離れてい
たことで、政治権力が複雑化して
いったのである。

　中奥に「御座之間」という部屋
がある。将軍の許可のもと中奥に
入った役人が拝謁する部屋だ。奉
行クラスの役職に任命する場合
も、当の幕臣を御座之間に呼び出
した上で、将軍自ら人事を発令す
る仕来りであった。

　将軍は「御休息」と呼ばれた
部屋にいることが多かった。居間
であると同時に政務を執る部屋で
もあったが、大奥ではなく中奥で
泊まる日は寝室にもなった。

　翌朝、将軍が中奥（御休息）で

起きると、その場で洗顔・朝食・
結髪を済ませ、奥医師の診察も受
けるというスケジュールが組まれ
ていた。将軍の食事は中奥で作ら
れるため、調理場である「御膳
所」と呼ばれた部屋もあった。

　表と中奥の間には仕切りが設け
られていなかったが、中奥と大奥
の間は銅塀で堅く区切られた。
中奥と大奥を出入りできたのは原
則として将軍だけだが、その際は
将軍専用の通路「御鈴廊下」を経
由して出入りした。御鈴廊下が設
けられた箇所のみ、銅塀はなかっ
たのである。

◎江戸城本丸の全体図

本丸御殿・大奥

本丸御殿・中奥

本丸御殿・表

（「江戸城御本丸御表御中奥御大奥総絵図」都立図書館所蔵）

本丸御殿・大奥

本丸御殿の半分以上を占めた女の空間

一〇〇〇人以上が居住

大奥は、将軍の寝所にあたる空間だ。天守（台）に隣接した場所に置かれていた。将軍の正室（御台所）、側室、子女の生活の場でもある。将軍やその家族の身の回りの世話をする奥女中も住み込みで勤務しており、奥女中にとっては職住一致の空間だった。

大奥の面積は六三一八坪もあり、本丸御殿の半分以上を占め

た。左図からは、実に多くの部屋があったことがわかる。職場でもあり住居でもあったからだが、住居空間は身分序列により住む人数も決まっていた。

大奥は、「御殿向」、「長局向」、「広敷向」の三つの空間から構成された。大奥の西側に位置する御殿向には、「御小座敷」と呼ばれた将軍の寝所のほか、毎朝、奥女中たちが将軍と御台所に拝謁する「御座之間」、御台所の御殿、将軍

大奥の「長局」と呼ばれる空間が、奥女中たちの住まい（楊洲周延『江戸錦 長局』都立図書館所蔵）

！奥女中は住み込みで勤務。
身分が高くなるにつれて部屋のランクもアップ

御切形ノ間（おきりがた）
御台所の寝室。右隣の部屋は居間、左隣の部屋は化粧室

銅塀

御殿向

長局向

七ツ口
食料品など生活物資を大奥に納入する商人が出入りした場所

御小座敷
将軍の寝室

将軍の子どもの部屋

御広座敷
表の役人との面会所

広敷向

御鈴番所
人の出入りを監視

上之御鈴廊下
下之御鈴廊下
将軍の大奥への出入り口。
出入り時は合図に鈴を鳴らす

銅塀

長局向

隣室には監視役の女性が複数待機。
親族昇進を将軍に望むなど、相手が不正を働かないように見張った

多くの女性が生活しており、将軍に会う機会がない女性も

！将軍の相手となったのは、将軍や御台所の世話役だった**御中臈**である
（おちゅうろう）

（『東京市史稿 皇城篇 附図』『江戸博覧強記』所収の大奥図などを元に作成）

御殿向 ごてんむき…御台所の住居。奥女中が将軍や御台所に拝謁する部屋もあった
長局向 ながつぼねむき…側室や奥女中の住居。建坪4211坪で2階建て
広敷向 ひろしきむき…事務・警護の男性役人が詰めた空間。女子禁制

◎御年寄の部屋の間取り図（1845）

！御年寄クラスになると
部屋は屋敷のように豪勢だった

御年寄用湯殿

廊下

（5畳）椽座敷（5畳）

上之間（8畳）

二之間（8畳）

（6畳）次之間（6畳）

（4畳）相之間（4畳）

炊事場

渡り（8畳）

多門（8畳）

廊下

物置

物置

トイレ

化粧部屋

部屋方用湯殿

■ 御年寄の居住空間　　　■ 部屋方の居住空間
　　　　　　　　　　　　　　（部屋方＝奥女中が雇った女性）

！２階部分もあったが、詳しい間取りは不明。
炊事場・多門部分には、２階はなかったようだ

御殿向の東側にあたる長局向は、側室も含めた奥女中たちの住居である。建坪が四二一一坪もあり、大奥の三分の二を占めた。御殿向や広敷向とは異なり、総二階建ての建物になっていた。奥女中の数は多い時は一〇〇〇人近くにも達し、一階だけではとても収容し切れなかったからである。

しかし、二階建てにしても部屋の数は足りず、御年寄（老女ともいう）などのトップクラスを除き、大半の奥女中は同じ部屋で寝泊まりした。身分が下がるにつれ、相部屋の人数も増えたのである。図は一人部屋を与えられた御年寄の部屋の間取りだ。

の子どもの居室、奥女中の詰所があった。

江戸城大奥の歌合の様子を描いた錦絵（楊洲周延『千代田之大奥』国会図書館所蔵）

女子禁制の空間

住み込みで勤務した奥女中たちは部屋ごとに自炊していた。そのため、煮炊きや給仕、水汲みなどに携わる女性を雇って同じく住み込みで働かせた。そんな下働きの女性も奥女中に他ならない。

広敷向だけ男子禁制ではなく、むしろ女子禁制の空間だった。

長局向と広敷向の境は「七ツ口」と呼ばれ、食料品など生活物資を大奥に納入する商人が出入りした場所だ。七ツ口から、生活物資は長局向や御殿向に運び込まれたのである。七ツ口は朝五ツ時（午前8時）に開かれて七ツ時（午後4時）には閉められたため、七ツ口と呼ばれたらしい。

御台所も側室も大勢の奥女中たちも大奥の外に出ることはあまりなく、日々の生活は大奥内で完結していた。そうした閉じた環境に大勢の女性が住んでいれば、嫉妬が渦巻くのも当然である。

長局向と隣接する広敷向は、大奥の事務を処理したり、警固の任にあたる御広敷役人が詰めた空間である。大奥と言うと男子禁制の空間のイメージが強いが、御広敷役人という名の男性役人も常時詰めていた。日々登城し、職務の時間が終わると下城するのだ。

第二章　武家地の間取り

武家地の基本

江戸の七割を占める武家地は、「大名屋敷」、「幕臣屋敷」、官有地とも言うべき「幕府の用地」に分けられるが、**その過半は大名屋敷で占められた。**これが将軍の城下町江戸の特徴である。

この時代、諸大名は参勤交代制に基づき、原則として隔年で江戸に居住することが義務付けられた。**幕府は江戸在府中の居住場所として広大な土地を下賜したが、これが大名屋敷である。**江戸藩邸とも呼ばれた。

数十万石クラスの大藩となると数万坪規模の屋敷を幕府から拝領することも珍しくなかった。だが、時代が下るにつれて下賜する土地が不足しはじめると、石高や役職により拝領地には一定の基準が設けられる。石高による基準を「高坪」、役職による基準を「格坪」あるいは「並坪」と呼んだ。その範囲内で下賜されるのが原則である。殿様だから楽な暮らしをしていたのだろう、と思われがちだが、間取りを介してその実態

をみると、意外な苦労が浮かび上がってくる。詳しくは38〜41ページをご覧いただきたい。

幕臣とは禄高が一万石未満で将軍の御直参である武士を指すが、将軍への拝謁（御目見得）の資格がある否かで分けられた。御目見得の資格を持つのが旗本で、資格を持たないのが御家人だ。江戸城の将軍を守るのが任務である以上、江戸城近くに屋敷を下賜されたが、旗本の方が御家人よりも江戸城に近い場所で拝領した。

大名屋敷にせよ幕臣屋敷にせよ、屋敷とは土地のことであり、建物は指していない。拝領した土地に大名や幕臣が建てる建物はあくまでも自費だった。下賜されたものである以上、所有権はなかった。**幕府の命令により、予告なく取り上げられることも珍しくなかった。**

とはいえ、そんな不安要素を帳消しにする特権が、

参勤交代を描いた絵図（楊洲周延『温故東の花第四篇旧諸侯参勤御入府之図』
国会図書館所蔵）

◎江戸に住む大まかな武士の数

	大名家	旗本	御家人
享保7年 (1722)	264家	5205家	1万7399家
幕末	266家	約3万3000家	

（「歴史REAL 大江戸侍入門」などを元に作成）

武士たちには与えられていた。大名屋敷も幕臣屋敷も幕府からの拝領地であったため、年貢が免除されていたのだ。無税であったため屋敷の下賜を希望する者は多く、江戸で武家地が拡大していく理由にもなった。本章を読み進めていただけば、彼らが武家地をどう活用したのかが見えてくるだろう。

三つ目に挙げた幕府の用地とは、その名の通り幕府施設が置かれた地所のことである。行政関連の幕府施設としては、三奉行（町・勘定・寺社奉行）や大目付・目付が重要政務などを合議した評定所、江戸の治安を預かる町奉行所、その関連施設である小伝馬町牢屋敷や小石川養生所が挙げられる。

そのほか、幕臣が武術を訓練する講武所、馬術の練習をする馬場、幕臣が学んだ昌平坂学問所（昌平黌）、将軍や大奥の女性が楽しんだ海辺の庭園（現在の浜離宮恩賜庭園）、薬草などが栽培された薬園、幕府の年貢米を収納する米蔵、材木を収納する材木蔵なども幕府用地に含まれる。

こうした広大な土地を、武士たちはどのように活用したのか。その実態をみていこう。

大名屋敷・上屋敷

重大イベントだった将軍のおもてなし

大名の生活を守る構造

幕府が大名に下賜した屋敷には三種類あった。上・中・下屋敷の三つである。

上屋敷とは、現役の藩主である大名が住む屋敷だ。豪華な造りだったのは当然だが、江戸時代初期には特に贅が凝らされていた。というのも、上屋敷は将軍が訪れることもある、最上級の接客空間でもあったからだ。

大手門近くにあった越前福井藩上屋敷は現在、江戸東京博物館で復元展示されている。左の図は福井藩上屋敷の間取り図である。

福井藩松平家は徳川御三家と並んで親藩大名の代表格であった。復元されている上屋敷の面積は約六六〇〇坪で、三代将軍家光の従兄弟にあたる松平忠昌が藩主の時代の屋敷だ。家光が将軍の座にあった頃の屋敷である。

上屋敷の場合、大名と妻子の身

の回りの世話をする奥女中たちが住む御殿は中央部に置かれるのが定番だ。御殿の周囲は江戸勤番の藩士が居住する長屋（勤番長屋）で囲まれ、藩士たちは身をもって大名を守る楯となった。屋敷が攻撃を受けた時は、長屋で防戦するわけである。長屋では、国元からやってきた単身赴任の藩士が共同生活を送った。

御殿は藩士も出入りできた空間と大名の私的な生活空間で構成さ

◎福井藩上屋敷の間取り図

（広さ…約6600坪）江戸城から近かったため規模は小さめ

将軍の出入り口。江戸初期には将軍の御成が少なくなかった

藩士が大名に謁見する場

同僚の大名など、特別な訪問客を接待

大名の出入り口

屋敷の中心部に藩主一家が居住。藩士は入ることができない

江戸勤番の藩士たちが居住。いざというとき藩主の盾になる

約130m

約77m

約113m

約105m

矢倉　楽屋　舞台
御成門
大広間
御成風呂
玄関　トイレ　右筆部屋　黒書院
台所門（表門）
長屋
小門
長屋
料理間
大台所
小姓部屋
居間
長屋
土蔵
藩士の出入り口
土蔵
矢倉　小門　長屋　矢倉

（『模型でみる江戸・東京の世界』所収図を元に作成）

れたが、藩士が大名の生活空間に入ることは原則としてない。同じ屋敷内に居住していながら、互いの空間は隔絶していた。前者は「表（おもて）」、後者は「奥（おく）」と称されるのが通例だった。

「表」には、大名と妻子が生活を送った居間、食事が用意された料理間、身の回りの世話をする小姓が詰める部屋のほか、同僚の大名など特別な訪問客の接待に使用される黒書院などが配置された。

なお、正室は人質の形で江戸居住が義務付けられており、大名が帰国しても上屋敷での生活が続いた。同じ屋敷内に側室が住む場合、側室は正室の管理下に置かれた。「裏」には長屋住まいの藩士が出仕して職務に携わる部屋のほか、

屋敷内の最大の儀式空間である大広間があった。藩士が大名の謁見を受ける時に使用された。

将軍が大名屋敷を訪問

御殿と長屋により構成された上屋敷には、大名が出入りする表門と藩士が出入りする小門が設けられたが、福井藩のように御成門（おなりもん）が別に造られる場合もあった。御成門とは将軍が大名屋敷を訪問する時、つまり御成に備えて造られた門のことである。

江戸初期には、江戸藩邸への御成が少なくなかった。豊臣秀吉の時代は大名として同列だった外様大名の屋敷がその対象である。幕府は将軍と大名の主従関係を確認

するイベントとして御成を重要視していた。

大名屋敷を訪問した将軍は、当の大名から心尽くしの接待を受ける。様々な品が献上され、献酬（けんしゅう）と称して盃を交わすのがお決まりのパターンである。将軍への服従を誓う貢物を差し出させ、主従の固めの盃を交わさせることで、主従関係を目に見える形で天下に示したい。そんな幕府の目論見が、秘められていた。

よって大名は、将軍を迎えるにふさわしい御殿の建設を別に求められた。こうして、江戸城の周囲に立ち並んでいた親藩大名や有力外様大名の上屋敷内には、豪勢な御成御殿や御成門が造られるようになる。

特に金銀で装飾が施された御成門の壮麗さは、江戸で大きな話題を呼ぶ。そんな御成門みたさに、大勢の見物人が押し寄せたのである。

姫君専用御殿も誕生

しかし、将軍の御成は御成先の大名に莫大な出費を余儀なくさせる。さらに、**泰平の世になって将軍と大名の主従関係も固定されたことで、御成の数は減少した。**それに伴い、御成御殿や御成門を備えた上屋敷の数は減る。

幕末の大事件の舞台となる江戸城桜田門外近くにあった長州藩毛利家の上屋敷の規模は、約七三〇〇坪である。中央部に大名

と妻子が住む御殿、その周囲を国専用の御殿を国元からやって来た家臣が住む長屋が取り囲むという一般的なスタイルであった。藩士が勤務のための出入りできた「表」と大名の私的な生活空間である「奥」から御殿が構成されていることも、福井藩上屋敷の場合とまったく同じだ。

「表」のうち御用所、記録所は藩士が執務した場所で、御広座敷や御座之間は藩士が大名に謁見したような専用の門も造らなければなら場所である。「奥」のうち御上臈(おじょうろう)衆、対屋や局は奥女中たちの住まいだが、その裏手に置かれた小姓衆長屋や足軽長屋は「奥」で生活する大名や妻子・奥女中たちを守るために配置された施設だろう。

なお、将軍の姫君が大名に嫁いできた場合は、上屋敷内に姫君御殿が求められた。これを御守殿(ごしゅでん)、あるいは御住居と称したが、御成門のような専用の門も造らなければならなかった。

かつて加賀藩前田家の上屋敷であった東京大学本郷キャンパスには、東大の象徴たる赤門が立つ。一一代将軍徳川家斉(いえなり)の姫君である溶姫(ようひめ)が藩主前田斉泰(なりやす)に嫁いできた時、加賀藩が溶姫のために造った御守殿の門であった。

東京大学の象徴・赤門

大名屋敷・中屋敷

臨機応変に使用された屋敷の実態

中屋敷のさまざまな用途

世継ぎや隠居した大名が住む屋敷として用いられた**中屋敷**は、現役の殿様が住む上屋敷よりも江戸城から遠い場所で下賜されるのが通例である。世継ぎや隠居した大名は現役の殿様のように登城義務がないからだ。

しかし、それはあくまでも原則に過ぎない。中屋敷の方が上屋敷より江戸城に近い場合もみられ

た。尾張藩の上屋敷は市谷だが、中屋敷は市谷よりも江戸城に近い麹町である。現在は上智大学が立っている。

世継ぎや隠居した大名だけが中屋敷に住むとも限らない。現役の殿様が住む場合もあった。

尾張藩が麹町で屋敷を拝領したのは寛永13年（1636）のことで、その規模は一万七八七〇坪である。左ページの間取り図は八代将軍吉宗治世下の享保期（1716

〜36）の屋敷図だが、中央部に御殿があり、周囲を長屋が囲むスタイルは上屋敷とまったく同じだ。御殿が表と奥に区分されているのも同様で、それぞれ**表御殿**と**奥向御殿**と呼ばれた。

この頃、市谷上屋敷より焼失したことで、麹町中屋敷が上屋敷の機能を代替していたのである。現役の殿様が住むことになったため上屋敷と同じ内部構造が採られたのかもしれないが、も

（広さ…約1万7870坪）

裏門

長屋

厩

馬場

長屋

長屋

奥向御殿（おくむきごてん）

長屋

表御殿（おもてごてん）

長屋

玄関

表門

藩主一家の生活空間。上屋敷の御殿と機能は同じ

！上屋敷と同じく、藩士が住む長屋が御殿を囲む構造

政務空間。藩士が勤務

中屋敷…世継ぎや隠居した大名の住まい。上屋敷の代わりに使われることもあった

ともと上屋敷が使用できなくなった場合を想定した造りだったのだろう。

奥向御殿に住んでいるのは現役の殿様で、表御殿には長屋住まいの藩士たちが勤務した。再建が完了すると、藩主と家臣は上屋敷に戻った。

中屋敷は上屋敷が罹災した場合に備えた役割も期待されていた。麹町中屋敷の間取り図とは、そんな期待を証明する図面なのである。

上屋敷化した中屋敷

中屋敷は上屋敷の機能を代替する役割も果たしていたが、中屋敷が上屋敷化してしまう事例もみら

れた。同じ御三家の紀州藩がこの事例にあてはまる。紀州藩の上屋敷も尾張藩中屋敷に隣接する形で麹町にあり、現在は東京ガーデンテラス紀尾井町や清水谷公園がある。

明暦3年（1657）の明暦の大火後、幕府は紀州藩に麹町で上屋敷を下賜した。その面積は二万坪ほどだった。すでに寛永9年（1632）には赤坂で中屋敷を下賜していたが、その面積は一四万坪を超え、紀州藩江戸藩邸のなかで最大の規模を誇った。現在は赤坂御用地になっている。

麹町上屋敷の方が赤坂中屋敷よりも江戸城に近く、将軍御成に備えた御殿も造られたが、面積は中屋敷の方が数倍広かった。赤坂中

屋敷が上屋敷として使われるようになるのは時間の問題であった。

その後、麹町上屋敷が焼失すると、再建されることはなかった。これを機に、現役の殿様が赤坂中

紀州藩の中屋敷があった赤坂御用地（Ryuji / PIXTA（ピクスタ））

屋敷に住むようになる。形式上は
中屋敷であるものの、その実態は
上屋敷だったのである。

◎勤番長屋拡大図

2階建て

格子窓

藩士は自由に屋敷外へ出られなかったため、
格子窓から行商人を呼びとめて買い物をすることが多かった

御殿を囲む長屋での生活

中屋敷は上屋敷の機能を代替す
る役割も期待されたため、中央部
に御殿が置かれ、その周囲
を長屋が取り囲む内部構造
となる場合が多かった。上
屋敷と同じく、長屋では大
勢の家臣が共同生活を送っ
たが、そもそも江戸藩邸に
はどれほどの人数が住んで
いたのか。

長州藩と同じく有力外様
大名の土佐藩山内家は、江
戸城近くの鍛冶橋御門近く
で上屋敷、芝で中屋敷を
下賜されたが、貞享元年
（1684）の数字によると、
上屋敷に一六八三人、中屋

敷には一二九五人が住んでいた。
その大半は、藩主が江戸在府中だ
け長屋に住み込む勤番侍だった。
ちなみに、上屋敷の坪数は七〇
五二坪、中屋敷の坪数は八四二九
坪である。

上屋敷にせよ中屋敷にせよ、図
示したように江戸屋敷の壁のよう
な形で配置された勤番長屋は二階
建だが、道路側には格子窓が付い
ていたため、**窓越しに行商人を呼
びとめて買い物をする事例が跡を
絶たなかった**。自由に屋敷外に出
られない事情が背景にあった。
洗濯物を窓越しに干すこともみ
られた。格子を外す事例までもあり、
藩当局から叱責されている。これ
は鳥取藩池田家の事例である。

大名屋敷・下屋敷

贅を凝らした郊外近くの体験型施設

広大な敷地にアトラクション

別荘・倉庫・避難所として使わ

れた下屋敷は上屋敷・中屋敷とは
異なり、複数下賜される事例が珍
しくなかった。尾張藩もその一つ
だが、江戸郊外で下賜されること
が多かったため、江戸城近くで下
賜された上屋敷や中屋敷よりも面
積はかなり大きかった。

なかでも、尾張藩の**戸山屋敷**〈現
新宿区戸山一〜三丁目〉の広さは群

を抜いた。市谷屋敷以上の規模で
ある八万五〇〇〇坪を下賜された
が、尾張藩では周囲の農地を購入
して戸山屋敷に組み込んだため、
その分を合わせると一三万坪に
も達した。尾張藩は築地〈現中央
区築地〉や川田久保〈現新宿区河田
町〉などにも下屋敷があり、その
坪数を総計すると江戸藩邸の面積
は三〇万坪をゆうに越した。

左図は、宝暦年間（1751〜
64）に描かれた図を元に作成し

た戸山屋敷の間取り図である。大
半は庭園であったため、戸山屋敷
は**戸山荘**という名で広く知られ
た。内部には神社や堂塔が三八ケ
所、茶亭も一〇七ケ所あった。
その景観も素晴らしい。現在残
されている絵巻を見れば一目瞭然
なのだが、山あり谷あり。巨大な
池や滝もあった。のどかな田園風
景も造られていた。見所満載の庭
園であり、そのうち二五ケ所のス
ポットは「戸山荘二十五景」とし

◎尾張藩戸山屋敷の間取り図（1751～1764）

❗ 広さ…13万坪（東京ドーム8個分以上）
● 神社・堂塔数38、茶亭107ヶ所

表御門

表御殿

上の御泉水

麻呂カ嶽

御町屋通り

地蔵堂

御泉水

奥ノ院

龍門の滝

馬場

御庭舞台

畑

畑

文珠堂

芝野

❗ 将軍が訪れたときには麻呂カ嶽の頂上に床机・毛氈を設置。
将軍は悠々と江戸の眺めを楽しむことができた。

❗ 戸山山荘の名物。水を堰き止めている間、渓流に配された飛び石を渡ることが可能。
● 堰き止めていた板を外すと、飛び石が水中に没した

> 表御殿…隠居した尾張藩の殿様の住まい
> 麻呂カ嶽…人工の山。中央部の巨大な池を造成するために掘り出された土で築かれた。標高44・6メートル。玉円峰とも。将軍が訪れることもあった

（『東京市史稿 遊園篇』『大名庭園を楽しむ』所収図を元に作成）

て広く喧伝された。その評判を聞き付け、将軍徳川家斉が何度も訪れたほどだった。

戸山荘の南側には表御殿がある。隠居した尾張藩の殿様が住んだ場所だ。御殿の近くには、「麻呂ヵ嶽」という名前の山がそびえ立っていた。戸山荘二十五景の一景で、玉円峰とも呼ばれた山だが、実は人工の山だった。

庭園の中央部には二万坪余もの巨大な池があった。その造成のため掘り出された土で築かれた山なのである。この築山自体は二〇メートルほどの高さだが、標高で言うと四四・六メートル。江戸御府内でみると、当時の最高峰だった。

将軍が戸山荘を訪れた時は頂上に床机が置かれ、その上に毛耗も

戸山荘を描いた絵図。戸山荘二十五景と呼ばれた美しい景観が広がっており、大名や将軍を虜にした（「宝暦頃・戸山御屋敷絵図（部分）」『東京市史稿 遊園篇』国会図書館所蔵）

敷かれた。その築山に立つと、庭園はもちろん江戸の眺めも一望できた。現在、この辺りは箱根山公園となっている。

戸山荘二十五景の一つである龍門の滝でのアトラクションは、戸山荘の名物の一つになっていた。まず、巨大な池から滝へと流れていく水を堰き止めておく。訪問客たちが渓流に配された飛び石の上を渡り切ると、堰き止めの板を外して滝へ水を落とす。そうすると、今まで渡って来た飛び石が水中に没するという趣向であった。

宿場町のセットが造られた

戸山荘（戸山屋敷）のように、とりわけ面積が大きかった下屋敷

◎戸山山荘に造られた宿場町のレプリカの間取り

（小寺武久『尾張藩江戸下屋敷の謎』所収図を元に作成）

扇子屋　紙屋　味噌屋　弓屋　矢師　細物屋　大日堂　こしかけ　植木屋　植木屋

物・瀬戸屋　和本屋　唐本屋　目薬屋　酒屋　花屋　こしかけ

一軒の間口＝平均約5・5m
町屋の数＝37
通りの長さ＝約136m

！ 大名が訪れると上記のレプリカの店に商品が並べられた

は庭園化する傾向がみられたが、楽しめたのは景観だけではない。

本物そっくりの宿場町のレプリカも作られていた。

同じく二十五景の一つに数えられた「御町屋通り」は、東海道小田原宿をモデルにして造られたと伝えられる。図のように、三七軒もの町屋が七五間（約一三六メートル）にわたって立ち並んでいた。

一軒の間口は平均約三間（五・五メートル）だった。

米屋・家具屋・菓子屋・旅籠屋などの店舗や弓師・矢師・鍛冶屋などの職人の店つまり町屋が、時代劇のセットのように実寸大に造られたのである。本当に旅をしているかのような幻想を戸山荘の訪問客に湧き立たせる粋な趣向が施されていた。

普段は、何も商品は置かれていなかったが、将軍や他大名が訪れる時になると、商品が陳列され、看板が飾られ、暖簾が掛けられ、ウインドウショッピングが楽しめる趣向になっていたのだ。将軍の目に留まった商品は、お土産として献上された。

尾張藩以外の下屋敷としては、加賀藩前田家の平尾下屋敷（現板橋区加賀一～二丁目など）が挙げられる。面積は約二二万坪もあり、江戸最大の下屋敷であった。屋敷内には自然河川である石神井川が取り込まれ、築山や石、滝などが配された。戸山荘に勝るとも劣らない巨大庭園が加賀百万石の名にかけて造り上げられたのである。

庭園

接待・行楽…武士のイベント空間に潜入

将軍が息抜きに重宝した庭

江戸には巨大な庭園が数多くみられたが、その大半は大名屋敷内の庭園である。上屋敷・中屋敷・下屋敷問わず、御殿に付属する形で造成された。

いわゆる大名庭園は大名個人が楽しむだけでなく、大名どうしの接待で大いに活用された空間だった。

その様式は池泉回遊式庭園と呼ばれる。広大な池や泉が中心に置かれ、周囲に築山や石、橋、茶屋などが配置されるスタイルだ。園内を回遊しながら、景勝の数々を楽しめる造りになっていた。

将軍も庭園を持っていた。城内には吹上御庭という広大な庭園があったが、城外にも浜御庭と呼ばれた庭園があった。現在の浜離宮恩賜庭園のことであり、図のように六万三五六〇坪余もの規模を誇る海辺の庭園だった。

江戸湾に面する浜御庭は、海水が園内の池に入り込む潮入りの庭園として知られていたが、元々は将軍の庭園ではない。四代将軍徳川家綱の弟である甲府藩主徳川綱重に与えられた屋敷の一つだった。その後、綱重の子である綱豊が六代将軍家宣となると、この屋敷は将軍の庭として整備が進み、浜御庭が誕生する。浜御殿とも称された。

江戸城奥深くに暮らし、なかな

◎浜御庭【将軍の庭】の間取り図

（広さ…6万3560坪）

中御門

浜奉行役宅

大番所

浜大手御門

中島茶屋

船手組屋敷 将軍の御座船を管理

御船蔵

海水を引いていたため淡水魚に加え海水魚も生息

水門

御上り場 水路から入る際の入り口

簡単に城外へと出られない将軍にとって浜御庭訪問は数少ない楽しみの一つだった

（水谷三公『将軍の庭　浜離宮と幕末政治の風景』所収図を元に作成）

か城外には出られなかった将軍は、浜御殿を訪れることを大変楽しみにしていた。一一代将軍家斉などは、約二五〇回も浜御殿を訪れたほどである。将軍が浜御殿を訪れるには陸路と海路の二つがあったが、御座船に乗って海路で向かう場合は「御上り場」から上陸することになっていた。

浜御殿の東側には、庭の維持管理を担う浜御殿奉行関係の施設のほか、将軍が乗船する御座船を管理・運行する施設が置かれた。庭園エリアとは門や塀で仕切られていた。

浜御庭ならではの楽しみと言えば、池での魚釣りである。海水を引き入れているだけあり、淡水魚のみならず海水魚も釣り上げるこ

とができた。

浜御庭での遊覧や飲食を楽しんだのは将軍だけではない。御台所をはじめとする大奥の女性たちも同様だ。大奥という極めて閉じられた中国様式の彼女たちにとり、この上ない楽しみだった。

水戸黄門の社交場

左に図示したのは、現存する大名庭園の一つである小石川後楽園だ。水戸黄門で知られる水戸藩主徳川光圀の時に完成した庭園で、上屋敷の御殿が建っていた場所は現在東京ドームになっている。

様式は大名庭園共通の池泉回遊式庭園だが、後楽園の場合は中国

の影響が色濃くみられるのが特色だった。西湖の堤は、中国の杭州にある西湖（そてい）とその蘇堤を模したもので、円月橋は日本に亡命してきた儒学者朱舜水（しゅしゅんすい）の指導により造られた中国様式の橋であった。園内最古の建築物の得仁堂（とくじんどう）には、光圀が尊敬する伯夷・叔斉（しゅくせい）の像が祀られた。園内には清水観音堂、渡月橋など京都を見立てた建築物もあった。

毎年正月、水戸藩では後楽園を会場として藩主主催の梅の花見が家臣を招いて行われた。園内の尚古閣では藩主自ら家臣にお酌をし、庭園を舞台にした固めの盃の光景がみられたのだ。大名庭園は、藩外だけでなく藩内の交流の場としての顔も持っていた。

◎六義園【大和郡山藩の庭園】の間取り図

後の大和郡山藩駒込下屋敷内に築かれた庭園。
5代綱吉もしばしば訪れた

吹上浜
吹上茶屋
滝見の茶屋
心泉亭
宜春亭（ぎしゅんてい）

入口

（『図説江戸2 大名と旗本の暮らし』所収図などを元に作成）

◎後楽園【水戸藩の庭園】の間取り図

！

毎年正月、藩主主催で梅の花見を実施。藩主自ら家臣に酌をするなど、藩内交流の場として機能

京都に見立てた建築物も

中国の儒学者・朱舜水の指導により造成

清水観音堂

円月橋

得仁堂（とくじんどう）

渡月橋

西湖の堤

涵徳亭（かんとくてい）

蓬莱島

赤門

内庭

入口

園内最古の建築物。儒教の聖者である伯夷・叔斉の像を祀る（はくい しゅくせい）

築地塀

（『図説江戸2 大名と旗本の暮らし』所収図などを元に作成）

江戸の
間取り
09

旗本屋敷

転勤族だった将軍直参の武士たち

赤穂浪士が討ち入りに

将軍の御直参である旗本や御家人も、幕府から屋敷を下賜された。旗本の場合は大名と同じく個々に拝領するのが通例だったが、一口に旗本といっても幕末には五〇〇〇人以上もおり、禄高にはかなりの格差があった。その格差が、地所の面積にも反映されることとなる。

以下、忠臣蔵でお馴染みの吉良

上野介の屋敷図を例に、旗本屋敷の内部を覗いてみよう。

吉良上野介は四二〇〇石の高禄旗本である。幕府の儀典係として名家から取り立てられた高家であったため、その格式は非常に高かった。官位は有力大名級だった。

元禄14年（1701）3月14日の刃傷松の廊下後、吉良は隠居した。幕府は江戸城近くに与えていた屋敷を取り上げ、城から遠く離れた隅田川沿いの本所に屋敷を与

える。この屋敷替は隠居により江戸城への登城義務がなくなったからだろう。その面積は二五五九坪であった。

吉良に与えられた本所の屋敷は、かつては松平登之助という旗本の屋敷だった。この界隈は旗本屋敷が数多く立ち並んでおり、表門のある東側には牧野一学、鳥居久太夫の屋敷があった。北側には、旗本土屋主税、本多孫太郎の屋敷があった。

◎吉良上野介（上級旗本）の屋敷の間取り図

(広さ…2559坪)

裏門

次ノ間
土蔵
庭

長屋30軒

湯殿

土蔵

湯殿

台所

書院

料理ノ間

玄関

広間

表門

門番所

土蔵

赤穂浪士に狙われていた吉良は、襲撃に備えて屋敷の周囲に長屋を築き、大勢の警護の士を住まわせた

(『図説 見取り図でわかる！江戸の暮らし』所収図などを元に作成)

吉良家では新たに拝領した屋敷を大改造している。隠居した吉良に加えて家督を継いだ吉良左兵衛が暮らす御殿が置かれたため、次の間など部屋が数多く設けられたのがその特徴だが、一番目を引くのは道に面した長屋が三〇軒も造られたことである。高禄旗本とはいえ、吉良家の身上ではそんなに多くの家臣を邸内に住まわせるのは無理だった。

主君浅野内匠頭（たくみのかみ）を死に追いやった吉良は赤穂浪士たちから命を狙われていた。よって、その襲撃に備えて御殿を取り囲むように長屋を造り、警護の士を大勢住まわせる必要があったのだ。

そこで吉良が頼ったのが、息子が藩主を務める米沢藩上杉家であ

る。吉良家の身上を越える警護の士を長屋に住まわせることができたのは、上杉家の援助があったからに他ならない。

こうした厳重な警護体制にも関わらず、翌15年（1702）12月14日に大石内蔵助（くらのすけ）たち赤穂浪士は吉良邸に討ち入り、吉良の首級を挙げる。その後吉良家は改易され、屋敷跡地は町人が住む土地に改められた。現在では、その一部が本所松坂町公園となっている。

頻繁だった屋敷替え

左の図は、吉良よりも小禄の旗本である武井善八郎が神田の小川町で下賜された屋敷図である。徳川家宣が六代将軍の座にあった頃

の図だ。

武井の禄高は二〇〇俵であり旗本としては小禄だが、当時は賄（まかない）頭（江戸城に食料品を供給する役職）を務めていたことで役料二〇〇俵が加算されて四〇〇俵となっている。坪数は四一二坪で建坪は二一〇坪だった。

吉良邸ほどではないが、部屋の数の多さが目に付く。門の横には長屋が作られ、家臣が住んだ。玄関脇の使者の間は訪問客が控える部屋であり、主人の武井と面会する場合は次の間そして書院に進む。食事などの接待を受ける場合は料理の間に進むことになる。

旗本屋敷も大名屋敷と同じく幕府から下賜されたものであり、所有権はない。そのため、幕府の命

◎武井善八郎（中級旗本）の屋敷の間取り図

（広さ…坪数412坪・建坪210坪）

図中ラベル：物置／納戸／土蔵／物置／トイレ／塀／寝間／居間／井戸○／次の間／溜／居間／湯殿／次の間／台所／料理の間／書院／トイレ／次の間／湯殿／上の間／玄関／使者の間／○井戸／式台／土間／板塀／板塀／トイレ／長屋　家臣が居住（10人ほど）／門

訪問客が控える。主人が会うときは書院に通された

！屋敷は幕府から下賜されたもので、所有権はない。
！幕府の命で転居を命じられる場合も

（『図説江戸2　大名と旗本の暮らし』『江戸博覧強記』所収図などを元に作成）

により屋敷替つまり転居を命じられることは少なくなかった。「鬼平」の異名で知られる旗本で火付盗賊改の長谷川平蔵（禄高四〇〇石）が下賜された屋敷などは、幕府により屋敷替が繰り返された結果、後には意外な人物が住む。名奉行として知られる旗本の遠山金四郎である。

平蔵の屋敷は本所（現東京都墨田区）にあった。坪数は一〇〇坪だが、長谷川家では幕府から下賜された屋敷内に町人などを住まわせることで地代収入を得ていた。その地代を家計の足しにしたわけだが、旗本のみならず御家人が幕府から拝領した屋敷内を武士（旗本・御家人・藩士・浪人）や町人（町医者や儒学者）に貸すことは、ごく一般的な経済行為であった。

逆に、自分の屋敷が江戸城から遠い場合は、江戸城に近い他の旗本屋敷の一部を借地して住む場合もあった。登城の便をよくするためだが、こうした事例は御家人でも広くみられた。

御家人屋敷

御家人の土地活用が江戸の文化を支えた

将軍の影武者の土地活用

個別に屋敷を下賜された旗本に対し、御家人が組単位で与えられた屋敷は組屋敷と呼ばれたが、おおむね数千坪単位である。これを組内で個々に分けた。

百人町、弓町という町名が東京に残っている。御家人である鉄砲百人組や弓組の組屋敷が広がっていた由緒をもって命名された町名だ。御徒の組屋敷があったこと

で名付けられた御徒町は町名としては消えたものの、駅名として残っている。

御徒とは将軍の警護役を務めた御家人である。将軍が江戸城外に出る時は将軍と同じ黒羽織を着用するのが定めで、いわば影武者だった。御徒は一組三〇人から構成され、全部で二〇組。下谷や本所・深川で、組単位で数千坪の屋敷地を拝領した。個人に均すと、二〇〇坪前後となる計算だ。

左ページの図は、御徒山本政恒〈やまもとまさつね〉の屋敷見取図である。場所は、現在のJR御徒町駅近くにあたる。

玄関、台所、物置。六畳と八畳が二間ずつあり、建坪は三〇坪ほど。屋根は瓦葺き。南側の庭園には池や築山もあり、御徒の屋敷としては立派な方だ。花壇もあった。

貸家もあるが、**屋敷内の土地を貸して生活の足しにするのは、御徒に限らず御家人にとってはごく普通の経済行為**だった。他の組屋

◎山本政恒（御家人）の屋敷の間取り図

（広さ…敷地200坪・建坪約30坪）

築山

池

貸家

仲御徒町通り

花壇

トイレ

玄関

8畳

6畳

8畳

床

押入

門

水口

台所

6畳

物置

御徒の場合、一組30人、全20組。下谷・本所・深川において組単位で数千坪の屋敷地を拝領

❗ 御家人は組単位で屋敷を与えられた。
山本は御徒（将軍の警護役）の御家人
おかち

（山本政恒『幕末下級武士の記録』を元に作成）

敷の事例をみると、同じ御家人や藩士のほか、御坊主衆・学者・医師などが御徒の屋敷に地借していたが、そこで活用されたのが組屋敷である。

御徒の組屋敷は深川でも与えられたが、深川の場合は個々の屋敷の規模は一三〇坪ほどであった。建坪二〇～三〇坪ほどの建物の構造も山本政恒の屋敷と似たようなものだが、裕福な者は土蔵や湯殿を持っていた。

空いた土地は農地にする一方、地代を取って貸し付けた。農地には茄子や胡瓜を植え、自家用にしている。

組屋敷は組単位で活用する方法もあった。東京の初夏の風物詩として入谷（現台東区）の朝顔市は有名だが、御徒などの御家人が内

職として栽培した朝顔を市場に出したことがはじまりである。栽培するとなると相応の土地が必要だった。組屋敷として与えられた土地を朝顔の栽培地として共同利用したわけだ。

東京都新宿区大久保周辺に住んでいた鉄砲百人組の同心が組屋敷で共同して栽培したツツジに至っては、江戸のガーデニングブームのなかで名産品となる。東京都新宿区の花はツツジだが、その由緒は大久保の百人組同心のツツジ栽培にまでさかのぼるのである。

他の御家人の組屋敷では鈴虫や金魚の飼育も盛んであった。養殖には巨大な池が必要だが、組単位で土地活用すれば、それも可能だ。

こうした御家人によるサイドビジネスが、江戸の庭園・ペット文化を支えていた。

八丁堀の旦那の土地活用

江戸町奉行所の与力や同心も身分は御家人である。組屋敷を現在の東京都中央区八丁堀の地に与えられたことで、八丁堀が与力・同心の俗称になったことはよく知られているだろう。八丁堀の旦那だ。

組屋敷を組の人数で分けると、与力の屋敷は一人あたり二五〇坪～三五〇坪。同心の屋敷は一〇〇坪ほどの広さとなる。

与力・同心にしても、組屋敷内の土地を貸して生活の足しにした事情は、御徒とまったく同じで

◎与力谷村猪十郎の屋敷の間取り図（1837）

（広さ…敷地約312坪・建坪約75坪）

蜂須賀阿波守の家来
医師藤本瑞軒への貸地
約83坪

居間

10畳

6畳
玄関

4畳

8畳

土蔵

御目見医師
佐藤文仲への
貸地 約28坪

トイレ

物置

門

土間

9畳

御目見医師
佐藤文仲への貸地
約32坪

（南和男『江戸の町奉行』、安藤優一郎『鬼平の給与明細』所収図を元に作成）

! 与力・同心も身分は御家人で、八丁堀に組屋敷を拝領。
他の御家人・旗本と同じく賃貸ビジネスを行っていた

あった。学者や医師・絵師などに貸して地代を取ったが、教科書にも登場してくるような著名人も八

丁堀の旦那の地借人だった。

サツマイモで有名な儒学者青木昆陽は、南町奉行大岡忠相配下の与力加藤枝直（えなお）の屋敷に地借していたことがある。それが縁で、忠相にも名前を知られた。昆陽はその強力なバックアップを受けてサツマイモの試作を開始し、関東農村にサツマイモの産地が生まれていくことになっ

た。

上図は与力谷村猪十郎という者の屋敷の間取り図である。天保8年（1837）の時の図だ。

その面積は三一二坪（建坪約七五坪）だが、半分近くを幕医や徳島藩医に貸していた。屋敷地の賃貸による地代取得に、与力の生活が大きく依存している様子がよく分かる図面だ。

同心の組屋敷の賃貸事情も、与力の場合と変わりはない。与力の屋敷内に地借し、自分が拝領した屋敷をまるごと賃貸に回す同心もえいた。拝領地を最大限活用して生計の足しにしようとしたのだ。

あまり知られていない八丁堀の旦那の土地活用術である。

町奉行所

超多忙で実力主義だった町奉行の仕事

住み込みで働いた江戸町奉行

江戸の都市行政と治安を預かっていたのは、時代劇でもお馴染みの江戸町奉行である。南町奉行と北町奉行の二名が基本だが、元禄15年（1702）から享保4年（1719）までは三名、慶応3年（1867）には四名に増員された。

南北両町奉行所は、江戸城近くに置かれた。町奉行にとっては勤務の場であると同時に生活の場で

あったことから、役宅と称された。町奉行に就任すると家族も連れ、自分の屋敷から役宅の町奉行所に引っ越すのである。

北町奉行所は当初、常磐橋御門内に置かれたが、文化3年（1806）には呉服橋御門内に移転する。南町奉行所は呉服橋御門内に置かれたが、元禄11年（1698）に鍛冶橋に移転し、享保4年（1719）以降は数寄屋橋御門内に置かれた。

もあったことから、役宅と称された。町奉行に就任すると家族も連れ、自分の屋敷から役宅の町奉行所に引っ越すのである。

南町奉行所は坪数が二六八一坪。そのうち建坪は一三八二坪だった。以下、その内部を具体的にみていこう。文化7年（1810）時の間取りである。

町奉行所に訴え出る時は、まず奉行所外側に設けられた公事人腰掛ケに出頭する。腰掛ケとは訴訟人の待合室のことである。そして与力・同心の吟味を受ける時は、吟味所に向かう。判決を受ける時は公事場へと進み、裁許場に座る

◎南町奉行所の間取り図（1810）

（広さ…敷地2681坪・建坪1382坪）

裏門

厩（うまや）

門番所

用心門

物見

土間

土蔵

勝手用人長屋

馬場

湯殿

女部屋

目安長屋

内寄合座敷

湯殿

玄関

土蔵

上台所

下台所

奥門

用人長屋

④裁許所

③公事場

御用部屋

式台

内玄関

公事廊下

砂利敷

使者之間

継之間

②吟味所

式台

与力番所

土蔵

年寄同心番所

年番部屋

公事人溜り

囚人置所

用人長屋

土蔵

若同心詰所

勝手

牢屋同心詰所

表門

門番所

①公事人腰掛ケ

役人の執務空間

裁判に用いる空間

『文化七年町奉行所図』『徳川幕府事典』などを元に作成

◎訴え出る時の手順

1. 奉行所外側の①公事人腰掛ケ（待合室）に出頭
2. 与力・同心の吟味を受ける場合、②吟味所へ
3. 裁判を受ける場合、③公事場へ
   ④裁許所に座る奉行から判決を受ける

奉行から判決を受けることになっていた。この一角が裁判所のエリアにあたる。

表門を進むと式台（土間と床の間に置かれた板）があり、ここから奉行所の役人が勤務する役所のエリアに入る。御用部屋と与力番所、年寄同心番所などがあり、奉行所の中枢部であった。御用部屋には、町奉行の側近として与力・同心との取次役を務める公用人のほか、訴状を取り調べて裁判所で読み上げる役目の目安方の与力が詰めた。

奥に進むと、内寄合座敷がある。南町奉行が同役の北町奉行やお互いの公用人、そして目安方と会合を持つ場所だ。町年寄を通じて町方に出される町触を伝達する場

もなっていた。

さらに奥に向かうと、奉行と家族が日常生活を送るエリアとなる。その右側の目安長屋や用人長屋には、目安方の与力や公用人を務める内与力とその家族が住んでいた。

忙しすぎる町奉行の一日

町奉行所を役宅とする町奉行の一日を追ってみる。

毎日午前10時頃、町奉行は役宅を出て江戸城へ登城した。城内では老中から指示を受けたり、奉行クラスの幕府官僚との折衝などで忙殺された。ようやく午後2時ごろに、城を退出するが、役宅に戻ると今度は奉行所の訴訟事務や行

政事務の処理に忙殺される。そのため、月番・非番という形で一ヶ月ごとの交代制を取っている。

月番の時は、役宅の表門を開いて訴訟などを受け付けた。非番であっても、月番の時に受理した訴訟などは処理している。別に休んでいたわけではなかった。両町奉行は月番の役宅で月三回、内寄合と称して協議をおこない、意思の疎通をはかっている。

幕府の最高意思決定機関として江戸城和田倉門近くの龍の口に置かれた評定所にも、月六回出席する定めであった。寺社奉行や勘定奉行とともに構成する評定所一座のメンバーとして月番・非番の関係なく出席し、国政に関する評議に加わった。

◎町奉行の一日

時間	仕事
午前10時頃	役宅を出て江戸城へ登城。老中から指示を受けたり、幕府官僚との折衝などで忙殺される。
午後2時頃	城を退出。役宅に戻ると奉行所の訴訟事務や行政事務の処理に忙殺される。

月番の場合	非番の場合
役宅の表門を開いて訴訟などを受け付け	月番の時に受理した訴訟などを処理

※南北町奉行は月番の役宅で月３回、協議をおこなって意思疎通をはかった

町奉行の職務は実に広範囲にわたっていた。現在の東京都知事、警視総監、消防総監、東京地方裁判所長官のほか、国務大臣を兼任したような重職だった。能力が非常に重要視され、小禄の旗本でも就任する例は多かった。勘定奉行や京都・大坂町奉行などの奉行職を勤めあげた旗本が最後に就任する行政職。つまり、旗本が就任できる最高の役職として位置付けられていた。

しかし、江戸の行政・司法・治安維持・消防・防災といった都市行政にとどまらず、経済・金融政策など国政の一翼まで担う激職であったため、町奉行の在職期間は平均五〜六年に過ぎなかった。在職のまま死去した者も少なくなく、二〇

年も務めた大岡忠相は非常に長い方であった。在職一年に満たない者もいた。

そのため、町奉行は配下の与力や同心に実務をまったく任せることで職務を遂行した。南北両町奉行には与力が二五騎、同心が一二〇人ずつ付属したが、奉行所の職務に精通する与力・同心をうまく使いこなせなければ、奉行の職責は到底果たし得なかったのが実情であった。

大岡忠相（『大岡名誉政談』国会図書館所蔵）

小伝馬町牢屋敷

地獄の沙汰も金次第だった江戸の牢獄

金がものを言う収容生活

江戸の町には、町奉行支配に属する小伝馬町牢屋敷という牢獄があった。吉田松陰が収容され処刑された場所だが、その跡地は現在では中央区の十思公園などになっている。牢屋敷の面積は二六七七坪で、図示したように周囲には堀が設けられていた。

牢屋敷を管理したのは町奉行支配に属する囚獄（牢屋奉行とも称する）石出帯刀である。その下に五〇人ほどの同心が附属し、奉行所に送られ、取り調べが済むともども屋敷内の長屋（「表役人長屋」「内役長屋」）に居住した。そして、同心詰所に詰め、各自の職務にあたった。炊事などは牢屋下男と呼ばれる者たちがあたった。

町奉行所からは与力・同心が月に四度見廻っている。

牢屋敷には町奉行所のほか、火付盗賊改・寺社奉行所・勘定奉行所・評定所が取り扱う事件の

囚人も収容された。囚人が取り調べを受ける時は牢屋敷から当該奉行所に送られ、取り調べが済むと再び牢屋敷に収監された。町奉行所与力が出張して吟味にあたる場合もあり、老中の許可があれば拷問蔵での拷問も可能だった。

刑が確定すると、叩きの場合は表門の前に莚を敷き、うつぶせの格好で上半身裸にし、手足を押さえ付けた上で杖をもって叩いた。斬罪の場合は死罪場で執行され

（広さ…2677坪）

堀の外側には土手を巡らした

堅牢な塀と堀、土手などで脱出を防止

練塀

無宿　町人

女性は身分に関係なく西口揚屋へ

町人　無宿

西二間牢

西大牢

西奥揚屋

西口揚屋（女牢）

張番所

当番所

東口揚屋

東奥揚屋

東大牢

東二間牢

小禄の旗本・御家人・藩士一般の僧侶・神官

拷問蔵

改番所

当番所

揚座敷

高禄の旗本や高位の僧侶・神官。揚屋より畳の質が高い

裏門

処刑した囚人を出す時に使用

表門

玄関

表役人長屋

詰所

同心

百姓牢

内役長屋

検使場

ためし場

約50人の同心が表役人長屋や内役長屋に暮らし、同心詰所などで各自の政務にあたった

石出帯刀拝領屋敷

いしで　たてわき

石出帯刀は牢屋敷を管理する役人が世襲する名前

死罪場

（『図説 見取り図でわかる！ 江戸の暮らし』所収図を元に作成）

た。首打役は牢屋敷の同心が務め
たが、将軍の刀のためし斬りを本
職とする山田浅右衛門があたるこ
ともあった。

牢屋敷に収容された囚人の出入
りには表門が使われた。屋敷内で
処刑した囚人を外に出す時などは
裏門が使われている。

身分により収容場所は異なって
おり、高禄の旗本や高位の僧侶・
神官は揚座敷、小禄の旗本・御
家人・藩士・一般の僧侶・神官は
揚屋に収容された。揚座敷は備
後表の畳敷、揚屋は琉球表の畳敷
であり、身分の違いが畳の品質に
もあらわれていた。町人は大牢、
無宿は二間牢、女性は女牢に収容
された。

牢屋敷では、囚人のなかから在

牢期間の長い者を牢名主などの牢
内役人に任命し、囚人の取り締ま
りにあたらせた。蛮社の獄で投獄
された蘭学者高野長英も牢名主
を務めたことがある。

囚人が牢内役人に差し出す金銭
次第で、牢内での待遇には雲泥の

差があった。一〇両が相場であり、
それ以上多く持参した者は優遇さ
れたが、少ない者には折檻が加え
られた。まさに地獄の沙汰も金次
第だった。牢内の生活条件は極め
て悪く、吟味中に牢死する者は多
かった。

牢内の食事は朝五ツ時（午前8
時）と夕七ツ半時（午後5時）の
二食だった。朝夕食ともご飯のほ
か、大根や茄子の入った汁が出さ
れた。入浴は月三度。囚人の月代
に多い都市であり、無宿が大量に

人足寄場の職業訓練

江戸の町には無宿者がたいへん
多かった。無宿とは戸籍にあたる
人別帳の記載から削除された農民
や町人などの庶民を指すが、貧困
や不行跡による勘当が理由で町や
村から去ったことで人別帳から外
された者たちが大半だ。その後は
住所不定となってしまい、正業に
もつかない者が多かった。

無宿となると生活や仕事の場を
求めて都市に流れる傾向があっ
た。江戸はそんな無宿の数が非常

◎人足寄場の間取り図（1790）

① 元結
② 草履
③ 髷細工
④ 百姓
⑤ 槍
⑥ 銭差
⑦ 医者
⑧ たばこ
⑨ 髪結
⑩ 湯
⑪ 大工
⑫ 左官
⑬ 人足
⑭ 米つき

彫り物
竹笠
屋根屋
番所
番所
かご屋
鍛冶屋
紙すき

玄関

井戸

竹矢来の囲い

張番所

約450m

病人置場

女置場

❗ 職業訓練所
● として機能

（『もういちど読む山川日本史』所収図を元に作成）

滞留していたが、生活に窮するあまり犯罪に走る者も多かった。そのため、無宿問題とは治安問題でもあり、歴代町奉行の悩みの種となっていた。

そうした現状を打開するため、江戸の治安を町奉行とともに担っていた火付盗賊改の長谷川平蔵らは、大工・左官・鍛冶屋から髪結・彫り物まで様々な仕事を学べたことがわかる。

作業は午前8時から午後4時まで。食事は米と麦を混ぜたもの。こうした作業により得られた報酬は積み立てられ、出所の際に渡される仕組みだった。これを元手に定職に就かせようとしたのである。

無宿の授産・更生施設として知られる人足寄場である。町奉行所に軽微な罪で捕えられた無宿者を収容して手に職を付けさせて更生させようという企画だった。時の老中で寛政の改革を進めていた松平定信は平蔵の建議を容れた。

寛政2年（1790）2月、平蔵の尽力により隅田川河口に浮かぶ石川島に人足寄場は完成する。その敷地の規模は一万六〇三〇坪で、そのうち三六〇〇坪余が図のように竹矢来で囲まれ、無宿が作業に従事する各種小屋が置かれた。間取り図から各種小屋が置かれた。間取り図が設置したのが、

養生所・医学館

江戸の社会保障施設の光と影

無料診療所・小石川養生所

八代将軍徳川吉宗の時代が小説やドラマで取り上げられる際、幕府の施設である小石川養生所はよく登場する。無料で診療が受けられ入院もできる、公的施療施設の走りだ。

設置のきっかけは、町医者の小川笙船による投書だった。享保7年（1722）1月、笙船は無料で診療が受けられる施薬院の設

置を求めて、訴状を投書する。これを読んだ吉宗が町奉行大岡忠相たちに設立を指示し、同年12月には幕府管轄の小石川御薬園内に、養生所と改称されて開設された。

当初は施設の意図が伝わらず希望者は非常に少なかったものの、町奉行所が現地見学会を実施して悪評の払拭に努めたり、入所手続を簡略化するなどの対応を取ったことで、入所希望者は一転激増することで、養生所詰の賄中事を作る場所で、養生所詰の賄中間（五名）により調理された。入所定員は四〇名だったが、

とても足りず、翌8年（1723）九月には一〇〇名に増員した。病棟も増設され、五棟となる。享保18年（1733）に、定員は一一七名で固定された。

左の図は、天保6年（1835）に修復される前の構内図である。敷地は一〇〇〇坪。北・九尺・中・新部屋が男性用病棟で、女部屋が女性用病棟だ。台所は入所者の食

◎小石川養生所の間取り図（1835）

町奉行所から派遣された与力と
同心が詰めて養生所を監督

（広さ…1000坪）

賄中間（5人）が調理

女性用病棟

男性用病棟

看護人の数…看病中間6人、女看病人2人
医師の数…本道（内科）2人、外科2人、眼科1人

（『東京市史稿 救済篇』などを元に作成）

◎入所者を取り巻く環境

・定員…117人（当初は40人だったが次第に増加）
・支給品…夜具・布団・ござ・飯鉢・膳・椀、ちり紙・半紙など
　12月～2月までの3か月間は炭も支給、希望者には湯たんぽも配布
・入浴…医師の許可を受けた者は毎月5・15・25日の三度入浴可
・外出…午後4時を門限に月6度、外出が可能

所者の世話をする看護人の看病中間（六名）も詰めていた。女看病人という名の看護人も二名いた。

養生所に詰めた医師は本道（内科）が二名、外科が二名、眼科が一名である。入所期間の上限は八か月だった。町奉行所からは与力・同心が派遣され、図にもある役人詰所に詰め、養生所の医療活動を監督した。

入所者には食事のほか、夜具・布団・茣蓙・飯鉢・膳・椀、ちり紙・半紙などが支給された。毎年12月から翌年2月までの三か月間は炭が支給され、寒さをしのがせた。希望者には木綿裕袋で包んだ一升徳利を湯たんぽとして配布した。

医師の許可を受けた者は毎月5・15・25日の三度、入浴できた。暮れ七つ時（午後4時）までに戻ってくるという条件で外出すること も月六度許された。これには、退所に備えて体力を付けさせる意図も含まれていた。

このように、江戸の町にも立派な社会保障システムがあったわけだが、**時代が下ると問題が発生するようになる**。まず、19世紀半ばになると、入所にあたって看病中間から金銭を要求されるようになる。結果、金銭に恵まれた者しか入所できなくなってしまう。

また、薬代は医師が支払うことになっていたのも問題で、医師は投薬をしぶるようになり、満足な治療が行われなくなってしまう。治療をしぶるようになり、満足な所内における賭博の横行や金貸し

など、風儀の悪化も目に余った。時代劇では養生所の医師と患者のむつまじい交流が描かれるが、史実はまったく異なっていたのだ。

江戸の大学病院・医学館

江戸の町には養生所のほか、公的施療施設がもう一つあった。奥医師の多紀氏が館主を務める**医学館**だ。奥医師とは、幕府に仕える医師のなかでも将軍などの診療も出来た格式の高い医師のことである。

もともと、医学館は医学教育の機関だったが、臨床教育の一環として無料で投薬つまりは診療を実施するようになる。**現代の大学病院のような施設**であった。医学館

◎医学館の間取り図

①製薬場 ②調剤室
③館主及教諭詰所
④御目見以上
　寄合医官詰所
⑤寄合医官詰所
⑥書籍掛 ⑦役医官
⑧寄宿取締詰所
⑨神農廟（儒教における医薬の神の廟）
⑩湯呑所 ⑪中庭
⑫病者診察所

俗役官宅　多紀氏宅
門番　⑨　講堂　台所
病室　① ② ③
玄関　中庭
⑩ ⑪ ⑫
応接所　町医者外医官ニ非ルモノ詰所　④ ⑤ ⑥ ⑦
俗役官宅　中庭　トイレ
小使部屋　食堂　⑧　寄宿生徒寮
薬草
薬草
書庫

（森潤三郎『多紀氏の事蹟』所収図などを元に作成）

には館主の多紀氏のもと教諭が約一〇名おり、そのうち三、四名が館内の事務を執った。残りの教諭は、講義を月に六度受け持った。通いで学ぶ生徒のほか、寄宿する生徒が常に三〇～五〇人もいた。

臨床教育については次のとおりである。生徒は病人を診察した上で、意見を述べて処方箋を作成する。最後に教諭が診察し、処方箋を改めて作成した。調剤された薬剤はすべて無料であり、これが施療行為にあたった。

寛政3年（1791）に、医学館は官立となる。それまでは多紀氏の私塾であったが、幕府は医学教育の重要性

を踏まえて直轄の医学校としたのである。以後、医学館では幕府に仕える医師の子弟たちが講義を聴講するようになる。

設立当時、医学館は神田佐久間町にあったが、文化3年（1806）に火災で焼失したのを機に向柳原に移転する。神田佐久間町時代、敷地の面積は一五〇〇坪ほどだったが、この時に二〇四〇坪に拡張された。

上図は、移転後の医学館構内図である。講堂と病室が隣り合っている配置からは、同所が臨床教育の実践の場となっていた様子が浮かび上がってくる。「俗役官宅」とは、幕府から監督のために派遣された役人の役宅のことである。

第三章　町人地の間取り

町人地の基本

江戸の15％を占める町人地の人口は、江戸中期には五〇万人に達した。享保6年（1721）に町奉行所は町人の人口調査を実施し、五〇万一三九四人という数字を得ている。

一口に江戸の町人地と言っても格差は大きく、町奉行所では経済力に応じて上・中・下の三ランクに分けていた。上の地域は日本橋など大商人が住む地域。中の地域は東海道など人の行き来が激しい主要街道沿い。下の地域は、郊外の農村と近接する場末と呼ばれた地域だ。上の地域ほど地価（沽券金高〈こけんきんだか〉）が高く、下の地域ほど低かった。

町人は居住形態により、家持・家主・地借〈じがり〉・店借〈たながり〉の四つに分けられる。

家持とは土地を所持する地主のことである。家主は家守・大家とも呼ばれ、地主から町屋敷の管理を委託されて地代店賃を徴収する者。地借（借地人）は地代店賃を支払って地主から土地を借り、家屋を自己資金で建てた者。店借（借家人）は店舗や長屋を借りて住む者である。

店借には二種類がある。表通りに面した平屋ないし二階家の店舗（表店〈おもてだな〉）を借りる「表店借」と、裏通りに面した平屋の長屋（裏店〈うらだな〉）に住む「裏店借」の二つだが、裏店借にはその日稼ぎの者が多かった。その日暮らしを強いられたため生活基盤は不安定であり、表店よりも家賃の低い裏店に住まわざるをえなかったのだ。上より中、中より下の地域ほど、町内での裏店借の占める比率は高かった。

寛政3年（1791）の数字によると、町奉行所の委託を受ける形で各町を支配する名主の数は江戸全体で二六二人を数えた。町役人とも称された名主

◎居住形態に基づく町人の分類（1791）

家 持 （いえもち）	土地を所有する地主。日本橋の大商人など。1791年の時点では、1万8876人
家 主 （やぬし）	地主から町屋敷の管理を委託されて地代店賃を徴収。1791年の時点では、1万6727人
地 借 （じがり）	地主から土地を借り、家屋を自己資本で建てた者。1791年の時点では、店借と合わせて40万人以上
店 借 （たながり）	土地も家屋も借りていた者。表店借と裏店借の２種類。裏店借の方が環境は悪い分、家賃が安かった

※町の自治は名主を筆頭に家持や家主が担った

は、現在で言うと小さな自治体の首長のような存在である。江戸には二五〇〜六〇ほどの役場があって、名主たちが町奉行による都市行政を支える行政システムが採られていた。

支配される側の地主は一万八八七六人。家主は一万六七二七人。残りの四十数万人は地借・店借だ。地借・店借といっても大半は店借で、それも経済力の乏しい裏店借であった。名主一人あたり、二〇〇〇人以上の町人を支配する計算となる。

名主の上には江戸の町を代表する形で三人の町年寄が置かれ、奉行所との間を仲介していた。軽微な案件は名主レベルで処理し、奉行所に面倒をかけないようにするのがその役目だった。次ページから詳細をみていこう。

江戸の
間取り
14

江戸の町割り

町割りから浮かび上がる居住格差

町のかたちの基本

江戸は俗に八百八町と称されるが、**実際の町の数は一六〇〇町を超えていた**。その形態は一様でなかったが、日本橋地域など江戸初期に造成された「古町」と呼ばれる町では、京都をモデルにしたような町割りが実行された。

基本パターンから解説しよう。京間で六〇間（約一二〇メートル）四方の正方形を基準とする町割り

のもと、表通りを挟んで向かい合う区画で一つの町が構成される。

区画は各々六〇間×二〇間だ。これを両側町と称した。一方、両側町に挟まれる形で向かい合った区画（各々二〇間×二〇間）は横町と称された。

両側町の背後の区画（二〇間×二〇間）は、**会所地**と呼ばれる空き地に指定された。江戸初期、会所地は宅地造成に必要な土を取ったり、あるいはゴミ捨て場や排水

地として利用された空間だった。

京間とは、京都を中心に用いられた建築の基準尺度のことである。一間が六尺五寸（約二メートル）の寸法だ。一方、関東を中心に用いられた尺度は田舎間（江戸間ともいう）と呼ばれ、一間が六尺（約一・八メートル）の寸法だった。

町内図も合わせてみてみよう。両側町や横町の表通りに面した側の土地には、平屋ないし二階家の店舗が建てられた。これを**表店**

第三章　町人地の間取り　78

◎江戸の町内の俯瞰図

木戸番

上水道

木戸番

木戸

表店（表通りに面している店）

裏長屋

裏長屋

裏長屋

大下水

60間（約120m）

表通り

木戸

表店（表通りに面している店）

新道

裏長屋

土蔵

裏長屋

20間（約40m）

横　町

20間（約40m）

| ⊞⊞⊞ 厠（トイレ） |
| ◎井戸 ◇ごみ溜め |

20間（約40m）

（『図説 見取り図でわかる！ 江戸の暮らし』所収図を元に作成）

と称した。

江戸の人口増加に伴う宅地需要を受け、両側町と横町の間に新道が通されると、空き地だった会所

日本橋の賑わいを描いた錦絵。周辺は江戸初期に造成された地域で、「古町」と呼ばれた（歌川広重『日本橋図会』国会図書館所蔵）

地も宅地としての開発が進む。宅地が造成されると平屋の長屋が建てられ、借家人が住みはじめたが、日本橋をはじめ海を埋め立てて宅地が造成された地域では、井戸を掘っても飲料に適した水を得ることは難しかった。塩気が強かったのである。

こうして、**神田上水と玉川上水**に代表される上水道が引かれることになる。両上水とも、取水点からしばらくの間は開渠（蓋などに覆われていない水路）だった。河川のような水路であったが、江戸市中に入ると、地中に埋められた木造の水道管を介して配水された。この水道管は樋と呼ばれる。町内には井戸の役割を担った枡が埋設されており、木樋により給水さ

を受け、湧水だけでは飲料水や生活用水を賄い切れなくなる。井戸を掘って飲料水を確保しようとしるが、湧水が数多くみられたが、人口増加に伴う環境汚染

上水道の整備

宅地造成と同時並行的にライフラインの整備も進められたが、何と言っても**飲料水の確保**は必須だった。

家康が入った頃の江戸は良質の湧水が数多くみられたが、人口増加に伴う環境汚染

る。これは裏店と称された。表通りの店舗（表店）からみると、かつての会所地は裏側にあることから、長屋は裏長屋あるいは裏店と称されたのである。

れた水が溜められる仕組みになっ
ていた。枡の底につるべを落とし、
桶に水を汲み取って日々利用した
のである。

ゴミ処理問題

生活をするうえでは、日々排出
されるゴミの処理も必須である。

神田上水の水源井の頭池（歌川広重『名所江戸百景　井の頭の池弁天の社』）

当初ゴミは会所地に投棄された
が、宅地化に伴い、捨てる場所に
難渋するようになる。そのため、
堀や川、あるいは下水にゴミを捨
てる行為が跡を絶たなかった。

明暦元年（一六五五）、町奉行所
は川などへのゴミの不法投棄を禁
じる一方で、ゴミ捨て場として永
代浦を指定した。永代浦は隅田川

河口にあっ
た永代島の
地先にあた
り、当時は
葦や萱の茂
る湿地が残
る浦だった。
なお、各町
が永代浦ま
で運んだの

ではない。幕府の委託を受けた収
集業者が船で運ぶことになってい
た。

こうして、町内にはゴミを溜め
る場所が設けられたが、永代浦ま
で運ぶ船に積み込むまでの間、各
町から集められたゴミを集積して
おく場所も設置される。これを
「大芥溜」と称した。

永代浦まで運ばれたゴミは再利
用できるものが運送業者により回
収された後、埋め立てに使われ
た。永代島近辺は埋立地つまり農
地として生まれ変わるが、永代島
近辺の埋め立てが終わると、今度
は深川の越中島にゴミ捨て場が移
され、埋め立てが繰り返されるの
であった。

表店

間取りからわかる商品を守るための工夫

日本橋の大店

表店住まいと裏店住まいの違いは、一言で言うと経済力の差である。経済力のある町人は家をまるまる一軒借りられる家賃を支払うことができた。一方、その日暮らしの町人は、集合住宅である裏長屋に住んだ。そのぶん、家賃が安かったのは言うまでもない。

ただし、表店住まいと言っても店借の者とは限らない。地主で店舗を持つ者もいたからだ。あるいは、地主から土地を借りて自己資金で店舗を建てる者もいた。地借は、一言で言うと経済力の差である。

地主として店を構えるのは、商人が大半だ。大店と呼ばれた大商人の事例をみていこう。大店の場合は、江戸で土地を所有して地主となることで商業上の信用や担保を獲得できるメリットがあった。大口の商取引や大金を借りる際の信用の裏付けとなるのだ。地価の

高い土地を持つほど、信用が高まる仕組みだった。

大店の代表格である呉服商の三井越後屋（伊勢松坂出身）は、日本橋の駿河町に店を構えていた。日本橋は「土一升、金一升」と称され、江戸随一の地価の高さを誇った場所だ。

当初、三井家の江戸店は同じ日本橋の本町に置かれたが、天和3年（1683）に駿河町へ移転し、本橋の本町に置かれたが、天和3年（1683）に駿河町へ移転し、経営規模を拡大させる。現在の三

（広さ…約700坪）

漆塗りで防火

大土蔵

西土蔵

東土蔵

新土蔵

風呂場

台所

台所 土蔵

玄関

会所 事務室

本見世

会計

勘定庭

トイレ

貸土蔵

新貸土蔵

表土蔵

売倍 土蔵

東見世

木戸

茶所

トイレ

袖土蔵

台所 雑物蔵

大塗家

火除地

ゴミ溜め

火消地

間口約63m

客をおもてなし

店の主要空間

商品の売り場

火災から商品を守るため地下には穴蔵もあった

・従業員数…223人（1733年）

店内各所に置かれた土蔵には商品を収納。火事から守るため土蔵は防火対策が徹底された

（「本普請画図面」などを元に作成）

2階には上客おもてなし用の部屋もあった

越日本橋本店の前身だ。後には金融業にも手を広げ、同町で両替商を営む。こちらは三井住友銀行の前身である。

越後屋周辺の絵図。大商人は土地を持つことで商業上の信用を得られるメリットがあった（『江戸名所図会』国会図書館所蔵）

そんな三井越後屋の江戸本店の間取り図をみると、間口は三五間（約六三メートル）もの広さがあった。本町時代の間口が九尺（約二・七メートル）であったのに比べると、移転の際に本店を大拡張したことは一目瞭然だ。天保3年（一八三二）段階の数字では、建坪も約七〇〇坪（約二三三一〇平方メートル）に達している。

そんな巨大店舗のメインは、通りに面して広がる「本見世」「東見世」と呼ばれた売り場だった。呉服を求めて来店した客は本見世側に置かれた玄関から店内に入り、売り場に上がって店員と商談に及んだ。

越後屋が江戸有数の大店に成長した理由はその商法に求められる。得意先を廻って注文を取ったり訪問販売を積極的に展開したのではなく、即金での店頭販売を積極的に展開したのだ。「店前売り」「現銀（金）掛値なし」と呼ばれた商法である。一反以下で反物を切り売りしたり、即座に仕立てて渡すという「切り売り」「仕立て売り」も需要の掘り起こしにつながる商法だった。

図をみると、土蔵が幾つもある。土蔵には商品が収納され、客の注文に応じて出している。見世の奥には、会計にあたる「勘定庭」や事務室にあたる「会所」もあった。

東見世の一角には「茶所」が置かれている。来店した客にお茶などをサービスする場所だ。二階には上客用の部屋などもあった。そんなサービスの充実も越後屋が急成長を遂げた要因である。

巨大店舗だけあって、奉公人の数も多かった。本町に出店した時はわずか九人だったが、駿河町に本店を移転して経営・営業規模が拡大するのに伴い急増していく。元禄3年（1690）には八一人、享保18年（1733）には二二三人まで増えた。

防火建築と穴蔵

江戸本店の間取り図からは、**火事への備えが手厚かったこと**もわかる。商人の場合、仕入れた商品を店内に置かざるを得ないが、現金化する前に火事で失えば元も子もない。よって、越後屋に限らず、商人は防火建築にたいへん力を入れた。

商人はいくつも土蔵が置かれ、店舗の奥にみえる「大蔵家」も火災対策がとられた塗屋造りの建物であった。

よく知られているように、木造建築が密集していた江戸は火事が多発した都市である。そのため、江戸町奉行所は各町に対し、防火建築を導入するよう繰り返し行政指導を行っている。

例えば、風に吹かれて火の粉が飛来し、屋根から延焼してしまうことを踏まえ、屋根を木の板ではなく部分的に瓦葺きにすることを求めた。店舗内に何ヶ所も設置したのである。その規模は裏長屋の一室よりも大きかった。

外側を塗り込める塗屋造りや、壁を厚くして窓や出入口にも防火の備えをした土蔵造りも奨励する。店内にはいくつも土蔵が置かれ、店舗の奥にみえる「大蔵家」も火災対策がとられた塗屋造りの建物であった。

防火への備えとしては、地下室である**穴蔵**も挙げられる。火事の際、商品を運び込んで難を避けたのだ。図には描かれていないが、越後屋の江戸本店にも穴蔵があった。

高さ約二メートルで、間口・奥行が三・六メートル四方という巨大な穴蔵だった。そんな穴蔵を店舗内に何ヶ所も設置したのである。その規模は裏長屋の一室よりも大きかった。

また、土や漆喰で木造の建物の部分的に防火建築にしようという試みだ。

裏長屋

火事の町だからこその簡易的住居

生活空間は四畳半

落語の舞台になることも多い裏店は俗に「九尺二間の裏長屋」と称される。間口が九尺（約二・七メートル）、奥行が二間（約三・六メートル）だったからである。

その間取りを覗いてみよう。左図をみるとわかるとおり、生活空間は非常に狭い。

長屋の住人は朝に米を炊いて味噌汁と一緒に食べた後、昼はおひつの冷や飯で済ませ、野菜や魚を添えた。夕食も冷や飯を茶漬けにして、香の物（漬け物）を添えるだけの粗食だった。江戸は独身の男性が多い町であったことから外食産業が非常に発展した。それも追い風となり、炊飯は朝だけで済ませることができたわけだ。

スペースが限られていたことから、食事用の箸や茶碗は箱の中に入れていた。食事の時は、箸や茶碗を出した上で箱をひっくり返し、御膳として使用するのである。これは箱膳（はこぜん）と呼ばれ、食事の時以外は部屋の片隅に置かれた。

現代の蛍光灯にあたる行燈（あんどん）、暖房器具にもなった火鉢、あるいは鏡台なども生活必需品だったが、スペースの関係もあってレンタルで済ませることも多かった。必要な時だけ借りたのである。

「江戸っ子は宵越（よいご）しの銭は持たぬ」という諺（ことわざ）がある。火事に遭うと一夜で家財一切を失い兼ねない

◎裏長屋の間取り図

裏長屋

大下水

寝具

行李

まくらびょうぶ
枕屏風で
夜具を隠した

炊事は1日に1回
3食分を一度に炊いて
おひつに入れていた

かまど

土　間

約2・7m

４畳半

妻子が同居する場合も

井戸で汲んだ
水を入れる

水桶

行燈

茶箪笥

火鉢

流し

約3・6m

江戸の生活環境から生まれた諺だが、そんな生活環境はモノを買わずに借りて済ませようという傾向に拍車をかけた。

その結果、衣類や布団などの生活用品を貸し、その損ずる代償として損料（そんりょう）（レンタル料）を受け取る損料屋というビジネスが繁昌する。江戸のレンタル産業の主たる顧客は長屋住まいの住人だったのである。

裏長屋の造りが簡素な理由

裏長屋にも二種類があった。割長屋（わりながや）と棟割長屋（むねわりながや）の二つだ。

仕切られた部屋の内部構造は割長屋も棟割長屋も同じだが、家賃が違った。彩光や風通しなど

住居環境の差が家賃に反映された。割長屋の家賃は月額八〇〇〜一〇〇〇文であったのに対し、棟割長屋の家賃は約半分の五〇〇文。現在の貨幣価値に換算して一両（四貫文＝四〇〇〇文）が一〇万円とすると、**割長屋の家賃は二万円強、棟割長屋は一万円強**となる。

割長屋にせよ棟割長屋にせよ、プレハブ住宅のような画一化された簡素な造りだった。つまりは、建設費ができるだけ安く抑えられていたが、**江戸が火事の多い町**だったことが背景にあった。

焼失の危険性に絶えず晒されていたことから、建築費を掛けても無駄となる可能性が高い。簡素な造りとしたのは、そんなリスクを念頭に置いたからなのである。

共用スペースの利点と欠点

通りに面した一戸建ての表店に住む者とは対照的に、裏店住まい

◎割長屋と棟割長屋の違い

割長屋	棟割長屋
出入り口が２ケ所。両隣りに部屋があった。棟割長屋より彩光・風通し面で快適 家賃…月800〜1000文（2万円強）	入口が１ケ所。棟で中央を仕切る構造のため、両隣りだけでなく背中合せにも部屋があった 家賃…月500文（1万円強） ※共に1両10万円で計算

の者の生活空間はたいへん狭かった。九尺二間の裏長屋住まいを強いられたことで、居住空間はわずか五坪に過ぎなかった。

長屋内に水を汲む井戸や厠、あるいは風呂を備え付けるスペース

◎表店と裏長屋の俯瞰図

路地木戸…表通りと路地の間にある木戸。夜10時になると閉められる

（『図説 見取り図でわかる！ 江戸の暮らし』所収図を元に作成）

などはまったくなく、図示したように井戸などの共用スペースは外に設けざるを得なかった。裏長屋の住人たちは狭い我が家を出て井戸や厠を共用したが、そうした事情は洗い物をする場合も同じだった。洗濯物を干す場所も長屋の外で共用していた。

水を汲んだり洗い物をしたり、あるいは洗濯物を干すたびに、裏店住まいの者は長屋の外に出て井戸などの共用スペースに向かうことになる。いきおい隣近所と顔を合わせる機会が増えていく。

時代劇でもよく描かれるように、井戸端会議を地で行く光景が繰り広げられたのだ。その結果、**住人たちのコミュニケーションはたいへん密度の濃い**ものとなった。

言い換えると、お互い助け合って生活することで、貧しくても何とか暮らしていけた。江戸は一人暮らしの者が多く、病気の時は看病する者もいなかったが、こうした相互扶助が機能することで暮らしていけたわけである。

しかし、裏長屋での暮らしには衛生上看過できない問題があった。共用スペースが狭かったことで、**井戸と厠が近接する位置に置かれてしまった**からだ。コレラなどの伝染病が発生した時、どうしても蔓延しやすかった。幕末に欧米からやってきたコレラが大流行したのは、こうした住居事情が影響していた。

町の公共施設

町の行政・治安維持を担った人々の実態

町の治安維持を担う木戸番屋

江戸の治安を預かっていたのは町奉行所だが、その吏員は与力・同心合わせても三〇〇人に満たなかった。この陣容で、五〇万人を超える江戸の町人の安心・安全を守ることなど到底無理であった。

よって、町奉行所では日々の行政事務だけでなく、治安業務もできるだけ名主側に委託している。各町は**木戸番屋**や**自身番屋**を設置

し、町奉行所による治安維持の末端を担った。両番屋の間取りをみてみよう。

木戸番屋は、町の境ごとに設置された木戸の脇に置かれた建物である。そこに詰める番人を木戸番と称した。

通常、木戸は夜四ツ（午後10時）になると閉め切られるのが決まりだった。夜陰に紛れ、放火犯や盗賊の類が入り込むのを防ぐためである。

木戸が閉められた後は町内限りの往来となるが、止むを得ない事情で町境を通行する場合は木戸に付けられた潜り戸から通した。その際、木戸番は拍子木を打って、町内や他町の木戸番に通行人の往来を知らせた。

木戸番は町が雇用した警備員である。給金である番銭は町が負担したが、木戸番は番銭だけでは暮らしていけなかったのが実状だった。そのため、副業として草履や

◎木戸番・自身番の間取り図

町の行政事務を担当。数町共同で設置されることも。町で雇用した書役が詰めた。町触の筆写や町の経費の計算などの事務を行った。

（『歴史人別冊 江戸の暮らし大全』所収図を元に作成）

表店

井戸

自身番

火事を知らせるため屋根に梯子や半鐘を設置

木戸

夜四ツ（午後10時）になると閉め切られる

横町

木戸番

防火用水の桶

町の交番。各町に設置。町で雇用した木戸番が務めた。給金が少なかったこともあり、木戸では日用品を販売することが許されていた。

◎自身番拡大図

壁には犯人をつなぐ鎖をかける「ほた」という輪がついていた

三畳間（板の間）

三畳間（畳敷）

上り框

玉砂利

捕り物用の三つ道具を設置

机

町内で捕らえた不審者の仮牢としても機能

消火道具を設置
- 纏（まとい）…旗。各町が趣向を凝らした
- 鳶口（とびぐち）…先端に鳶の口のような鉄の鉤をつけた棒
- 竜吐水（りゅうどすい）…木製のポンプ式放水具

蝋燭、駄菓子などの日用品を売る
ことが認められた。町内に日用雑
貨品を売る店があるとは限らな
かったため、**木戸番屋はコンビニ**
のような役割も果たしていた。

朝鮮通信使や琉球使節の来朝、
あるいは将軍やその親族の葬儀の
時は木戸番のみならず、町を預か
る名主も警備のため木戸に詰める
ことが義務付けられた。なお、木
戸がない場合は代わりに竹矢来を
設ける決まりであった。

町の事務所だった自身番屋

各町には町の事務所とも言うべ
き、自身番屋も置かれた。木戸番
屋とともに木戸の脇に設置される
ことが多かったが、各町に置かれ

るとは限らず、数ヶ町共同で設置
される事例も少なくない。番屋設
置に伴う費用、運営費が重い負担
になっていたからだ。

同じ公共施設の木戸番屋が交番
のような役割を果たしたのに対
し、**自身番屋は主に行政事務を執**
る役場だった。町で雇用した書役
が詰め、町奉行所から触れ出され
た町触の筆写や町の経費である町
入用の計算などの事務を、図示し
たような畳敷きの三畳間で執っ
た。

文政12年（1829）に町奉行
所が定めたところによれば、自身
番屋の規模は梁間が九尺（約二・七
メートル）、桁行が二間半（約四・五
メートル）、軒の高さが一丈三尺（約
三・九メートル）であった。

自身番屋に詰める番人である自
身番は、当初各町の地主（家持）
自身が交代で務めたが、負担の重
さに耐えられなくなる。そのため、
地主から長屋の管理を任せられた
家守がその役割を担った。ただし、
強風の時は火消人足とともに地主
も詰め、町内で出火の際、火が燃
え広がらないよう努めた。

自身番屋は書役が詰めて町内の
事務を執る一方、**町内で捕えた不**
審者を留め置く場所でもあった。
番屋内に造った仮牢に収容し、出
張ってきた奉行所の役人に引き渡
した。腰高障子で仕切られた三
畳の板の間の空間が仮牢だった。

入口には、三つ道具と呼ばれた
刺又、袖搦、突棒が掲げられてい
た。町奉行所が容疑者を捕縛する

◎捕り物三つ道具

刺又（さすまた） — 相手の体を押さえつける

袖搦（そでがらみ）

突棒（つくぼう） — 衣服の袖や裾をからみとる／衣服にからめたり抵抗する相手を押さえつける

◎消火道具

纏（まとい）　各組の旗印。組ごとに意匠を凝らした

提灯

鳶口（とびぐち）　建物を壊して延焼を阻止

際に使用する捕り物用の道具であり、番屋が奉行所の末端機構としての役割を果たしていることが一見して分かるようになっていた。

自身番屋は防火の拠点としての役割も課せられ、火の見梯子が屋根の上に建てられた。梯子に上って火事の様子を望見し、半鐘を鳴らして町内に火事が起きたことを知らせるのである。

菓子などの日用品を番屋で売ることが町から認められていた。子どもの玩具や飴おこしなどを売り、同様に町のコンビニのような役割も果たしたが、その利益は番屋の運営費などに充てられた。公共施設としての機能を維持できる、うまい仕組みである。

幕末の嘉永3年（1850）の時点で、江戸の街には一〇〇〇軒近い自身番屋があったという説がある。これが正しければ、木戸番屋はそれ以上の数に達しただろう。各町の人々が気軽に利用できたわけだから、現代人が気軽にコンビニに立ち寄るのと同じような感覚で、江戸の人々も自身番屋や木戸番屋に行っていたのかもしれない。

左図のような、火消人足が持つ纏や鳶口などの消防道具も常備されていた。出火の際には火消人足が一同自身番屋に集合し、火事場に向かった。

自身番屋でも木戸番屋と同じく、副業として草履や蝋燭、駄菓子などを売っていたのかもしれない。

湯屋

安価で入れて社交場もあった江戸の定番

湯屋の料金は安かった

江戸では町人が風呂を持つことはあまりなかった。火事に対する恐れ、燃料の薪の価格が高かったこと、水が不自由だったことが理由である。手間や費用を考えれば、自宅で風呂を造るよりも、**湯屋に出かけた方が安上がりで好都合**でもあった。

そのため、江戸の町には湯屋が多く、町ごとに営業しているぐらいの数となる。文化11年（1814）には**六〇〇軒余**にも達した。幕末の頃、江戸の中心部では一町あたり湯屋が二軒ずつあったという。

入浴料も、他の物価に比べると格安だった。江戸中期にあたる明和年間（1764～72）までは、大人が六文。子どもが四文。寛政6年（1794）からは、大人が一〇文。子どもは天保年間（1830～44）に八文となっている。

といっても、かけ蕎麦一杯が一六文であるから、その半額ほどに過ぎない。他の物価と比較しても、その安さは際立っていた。格安だからこそ客は毎日のように湯屋に通えたし、客の利用頻度が高いからこそ、店は商売になった。

江戸の気候事情も見逃せない。江戸は風が強いため埃をかぶりやすく、毎日風呂に入るのが習慣になっていたため、湯屋の需要は大きかった。

◎湯屋の間取り図

入浴料…江戸中期は大人６文、子ども４文。
1794年からは大人10文、子ども６文（のち８文）　※かけ蕎麦１杯で16文

風呂炊き場

井戸

風呂炊き場

男浴槽

大水槽

女浴槽
浴槽で体を温めたあとに
流し場で体を洗った※

浴槽の温度は約50度

ざくろ口
流し場と湯屋の仕切り

岡湯

ざくろ口

入浴後に体を
清めるために使用

流し場

水舟

流し場

流し場

流し場

脱衣所と流し場の
間に仕切りはなし

体を洗うための水が入った水槽

羽目板

脱衣所

階段

脱衣所

衣服戸棚

男性は使用料を払えば
上の休憩所へ行ける
囲碁や将棋などで
楽しむことが可能

料金所。糠袋の販売や
手拭の貸出も行った
盗難がないかも監視

土間

土間

番台
（高座）

衣服戸棚

表入口

弓の弦に矢をつがえた形の看板を設置
「弓射る」に「湯入る」をかけた洒落

！
江戸は風が強くほこりをかぶりやすいため、
住人には風呂に入る習慣があった

※豊富に水が使えず、湯が汚かったため、
浴槽は体を温めるだけに使った

（『図説 見取り図でわかる！ 江戸の暮らし』所収図を元に作成）

湯屋は江戸の人々にとり、生活の一部になっていたが、時間帯により客層は異なる。朝は仕事に出かける前の者や隠居身分の者。午後は手習いから戻った子どもや仕事が終わった者たちがやって来た。一日中、湯屋には人の出入りが絶えなかった。

ざくろ口の先は熱湯

では、湯屋の間取りをみてみよう。

湯屋の入り口には、弓の弦に矢をつがえる形をした看板が掛けられていた。「弓射る」に「湯入る」を掛けた江戸っ子の洒落である。入り口を過ぎると、行く先は二つに分かれる。男湯と女湯だ。図で

は左が男湯で右が女湯となる。なお、寛政3年（1791）に禁じられるまでは、男女混浴であるが（寛政3年以降は、男女別々の浴槽が設けられる）。

ざくろ口は高さ九〇センチほどしかなく、屈んで潜らなければならなかった。浴槽の湯気を逃がさないようにするため、仕切りを狭くする造りが施されていた。その脱衣所で衣類の盗難が起きないよう見張るため設けられた番台（高座）は、女湯側に置かれた。

番台は料金所の役割も果たしており、客のリクエストに応じて体を擦る糠袋を売ったり、体をぬぐう手拭を貸した。男湯の方は、男湯と女湯を仕切る羽目板越しに番台の上から監視した。

脱衣所には、脱いだ衣類を入れる棚が壁側に置かれた。脱衣所を過ぎると流し場（洗い場）だが、その間は仕切りがなかった。一方、洗い場と浴槽の間には仕切り

があった。これを「ざくろ口」という。鳥居の形をしていた。

しかなく、屈んで潜らなければならなかった。浴槽の湯気を逃がさないようにするため、仕切りを狭くする造りが施されていた。その

ため、浴槽の温度は五〇度近くにも達することになる。

江戸の頃は、体を洗う前に浴

湯ぬき穴

洗い場と浴槽の仕切りであるざくろ口

湯屋における女性の喧嘩を描いた錦絵。左上に見えるのがざくろ口（歌川芳幾『競細腰雪柳風呂』）

槽につかり体を温めるのが普通だった。水を豊富に使えない事情もあり、浴槽の湯は汚かった。よって、体を温めるだけに使われた。

浴槽で体を温めた後、流し場で体の汚れを取ることになる。流し場には水舟が置かれており、そこに張られている水で温度調整をしながら体を洗った。その際には糠袋が使われたが、小豆や大豆を臼で挽いてパウダー状にし、これに香料を加えたものも洗い粉として番台で売られていた。洗い粉は肌の艶もよくなるため洗顔にも使われた。なお、流し場には櫛や爪切りなども備え付けられていた。

流し場で体を洗った後は脱衣場に戻り、衣類を着る。女性はそのまま湯屋を出るが、男湯の脱衣場には二階にあがる梯子が付けられていた。

二階は男性専用の休憩所になっていたが、無料で利用できたわけではない。入浴料と同じぐらいの使用料を払った。菓子も売られていた。入浴料は安く設定されたが、二階で散財させることで湯屋は経営の安定化を目指した。

湯屋の二階は町人たちの社交場となっていたのだ。囲碁や将棋を楽しみながら、あるいは備え付けの絵草紙などを読みながら、湯上りのひとときを談笑しながら過ごしたのである。

芝居小屋

幕府に睨まれながらも発展した娯楽地

江戸四座から三座体制へ

江戸には、吉原の遊廓や日本橋の魚市と並んで、一日に一〇〇両もの金が落ちると称された場所がある。歌舞伎などが催された芝居町だ。

歌舞伎には二種類があった。**大芝居と宮地（小）芝居**の二つである。大芝居とは江戸三座（中村座・市村座・森田座）のことで、幕府から常設小屋での興行を許された

芝居だ。中村座は堺町、市村座は葺屋町、森田座は木挽町にあった。

堺町・葺屋町が日本橋、木挽町が現在の銀座にあたる。

一方、**宮地芝居は浅草寺や神田明神などの寺社境内地や両国広小路などの盛り場で興行された芝居**だった。その小屋は常設を許されず、晴天一〇〇日間と決められた興行期間が終了すれば取り払われるのが原則だ。ただし、実際はできないとされたほどだが、一番の違いは見物の料金である。

とで小屋は取り払われず、そのまま興行される場合も多かった。

宮地芝居の興行地は計二十数ケ所に及ぶ。なかでも、湯島天神・芝神明宮・市谷八幡宮での宮地芝居は宮地三座と呼ばれるほどの人気を誇った。

江戸三座と宮地芝居の差は大きかった。格差も激しく、宮地芝居の役者は三座の桧舞台を踏むことはできないとされたほどだが、一番の違いは見物の料金である。

◎堺町の芝居町の間取り図

酒屋

茶屋
茶屋
茶屋

両替屋

きゃらの油屋
(髪用の油を販売)

茶屋

とらや源太夫
上瑠璃芝居

茶屋

つるわか
かん三郎芝居

さかい町海道

両替屋
巾着屋
三味線屋
巾着屋
巾着屋

酒屋
駿河屋(和菓子屋)
茶屋
三味線屋

銭屋
たばこ屋
酒屋
たばこ屋
たばこ屋

饅頭屋

両替屋

中村座の歌舞伎小屋

たばこ屋

中村善五郎芝居

江戸次郎右衛門
上瑠璃芝居

酒屋
たばこ屋

天満八太夫
説教芝居

丹波和泉上瑠璃芝居

出来山芸づくし

江戸孫四郎
説教芝居

酒屋

さつま太夫土佐掾
上瑠璃芝居

茶屋

見せもの
芝居

三味線伴奏の語りに合わせて人形を操作

仏教の教義などが音曲をもって語られた

人形浄瑠璃の小屋

(『守貞謾稿』(国会図書館所蔵)を元に作成)

桟敷で見物するとなると、見物代だけで最高で銀三五匁掛かった。現在の貨幣価値に換算すれば、約五万円（一両＝銀六〇匁）である。日雇いの労働者の給金が銀一匁にも満たなかったことを踏まえれば、庶民には高嶺の花だった。

桟敷席を用意した茶屋などへの心付けなども含めれば、宮地芝居の見物に比べて数倍以上の費用が必要だ。そのため客層は豪商やその奥方、あるいは大名クラスの武士と奥方など富裕層が中心だった。

芝居町の繁栄

芝居町といっても、歌舞伎小屋だけがあったわけではない。その間取り図から内部の様子を覗いてみよう。

前ページの下の図に書き込まれている「さつま太夫　土佐掾　上瑠璃芝居」（薩摩座）、「丹波和泉上瑠璃芝居」とは、人形浄瑠璃の小屋である。人形浄瑠璃とは、三味線伴奏の語り物である浄瑠璃に合わせて人形を操る芸能だ。なかでも竹本義太夫が創始した浄瑠璃は特に義太夫節と呼ばれ、台本作者の近松門左衛門とのコンビで大人気を博す。

向かい側の「江戸孫四郎説教芝居」は、説教節の小屋のこと。説教節も浄瑠璃と同じく、三味線伴奏の語りに合わせて人形を操る芸能だった。仏教の教義など宗教的な内容が音曲をもって語られた。

「堺町　葺屋町　戯場」というタ

イトルの左図では、芝居町が俯瞰されており、中村座の向かい側に「あやつり座」とある。薩摩座など人形浄瑠璃の小屋が集まっていた場所だ。

前ページの上の図には、「つるわかかん三郎芝居」（中村座の歌舞

江戸の観光案内書に描かれた堺町の芝居小屋一帯。右下に「あやつり座」の文字がみえる（「堺町 葺屋町戯場」部分『江戸名所図会』国会図書館所蔵）

伎小屋）、「とらや源太夫上瑠璃芝居」のほか、「茶屋」「酒屋」「たばこ屋」「三味線屋」がみえる。

芝居町は芝居見物の客を対象にした商売が花盛りであり、芝居客が飲食を楽しめる芝居茶屋（「茶屋」）はその代表格だった。

芝居町には料理茶屋や酒屋のほか、蕎麦屋、鰻屋なども数多く軒を並べており、**華やかな飲食文化の発信地でもあった。**芝居見物だけでなく見物客が消費する飲食代を含めて、芝居町で一〇〇〇両落ちたと評されたわけだ。

煙草屋など日用品を売る商人も住むほか、芝居を支える業者も大勢住んでいた。例えば、歌舞伎や人形浄瑠璃の舞台で演奏される三味線を扱う業者（「三味線屋」）も

住んでいる。

芝居小屋を遠ざけたい幕府

芝居は江戸の流行文化を牽引する芸能としてたいへん人気があったが、**役者が舞台で披露する派手な衣装や風俗が社会秩序を乱しかねないとして、幕府の忌諱に触れる**ことも多かった。老中水野忠邦による天保の改革時には、江戸歌舞伎の代表格・市川團十郎が風俗取締りのターゲットとなって江戸追放の処分まで受ける。

さらに、江戸三座が浅草への移転を命じられてしまう。火事によって中村座と市村座が焼失したのを好機として、幕府内で芝居小屋の移転が浮上したのだ。

三座はもちろん、芝居町の者たちは驚愕する。移転反対の意思を示すも、幕府は認めなかった。天保13年（1842）正月には、移転先は丹波園部藩小出家の下屋敷一万一五〇〇坪であると申し渡される。浅草寺のすぐ裏手にあたる場所だ。

4月、同所は猿若町と改められた。猿若一丁目に中村座、同二丁目に市村座、三丁目に森田座が置かれた。芝居小屋で生計を立てる者たちも移転の対象であり、芝居町の移転と言った方が正確だ。10月より、猿若町で芝居の興行が開始されている。

ここに、**浅草は芝居町としての顔も持つことになったのである。**

吉原

幕府公認の遊郭は観光スポットでもあった

吉原名物・花魁道中

独身男性が非常に多かった江戸では、遊女商売が成長を遂げた。その象徴たる吉原は幕府が唯一公認した遊郭であった。

吉原が誕生した元和の頃は江戸時代初期にあたり、江戸は開発途上の都市であった。江戸城からもさほど遠くない場所にあった吉原も、周囲は葦が茂る湿地帯だった。

そんな元吉原時代の吉原の間取りをみてみよう。

一見して目に付くのは、「揚屋」である。揚屋とは遊客と遊女屋を仲介する店のこと。遊客が揚屋にあがって遊女を指名すると、遊女屋に指名があった旨の書状が送られる。遊客は芸者や幇間（盛り上げ役の男性）を相手に宴席を設けて遊女が到着するのを待つ。その費用は遊客持ちだった。

指名した遊女が遊女屋から揚屋に向かうことを道中と称したが、

これが吉原の名物にもなっていた花魁道中である。吉原の中央部を南北に貫く仲の町を練り歩いてくるのだ。

吉原が誕生した頃は戦国の余風冷めやらぬ時期であったが、その後泰平の世となるにつれて江戸は人口が急増する。開設当時は葦が茂る湿地帯だった吉原周辺も宅地造成が進む。人家が立て込みはじめて市街地化したが、いきおい遊郭があることがクローズアップさ

◎元吉原の間取り図

※図中の個人名は遊女屋（一部省略）

（『守貞謾稿』（国会図書館所蔵）を元に作成）

周囲には堀

揚屋	山本芳順	水道尻 上水道の終点	京町1丁目

京町2丁目

揚屋 ／ 彦左衛門

三浦や ／ 四郎左衛門 ／ 新や善三

遊客と遊女屋を仲介

角町

揚屋 ／ 揚屋 ／ 揚屋 ／ 揚屋 ／ 揚屋 ／ 溜 ／ 揚屋 ／ 揚屋 ／ 揚屋 ／ 揚屋

長嶋喜左衛門 ／ 並木源左衛門

仲の町

揚屋 ／ 揚屋 ／ 揚屋 ／ 揚屋

揚屋 ／ 伏見藤右衛門 ／ 西院左京

北川甚左衛門 ／ 西村庄助

江戸町2丁目

木戸

江戸町1丁目

揚屋 ／ 山田宗順 ／ 揚屋

大門口

庄司 甚右（左）衛門 ／ 玉越四郎兵衛 ／ 船田助左衛門

廓への入り口は一カ所のみ。遊女の逃亡を防ぐ目的もあった

甚右（左）衛門ら遊女屋の陳情をきっかけに幕府は遊郭設置を公認

花魁道中を描いた錦絵（『古代江戸繪集』国会図書館所蔵）

れるようになる。幕府としては市中に風紀の乱れが広がることを懸念した。

そこで、吉原に対して江戸郊外への移転を命じる。明暦2年（1656）のことである。移転先は浅草寺裏手の日本堤であった。その周囲は田園地帯であり、浅草田圃とも称された場所である。

吉原の移転と発展

移転を余儀なくされた吉原だが、その際幕府から以下のような見返りを得ている。

移転先に予定された用地の規模がこれまでよりも約五割増になっている。約二町四方から東西の幅がもう一町広げられたことで横長の約二町×三町に拡大されたのだ。さらに、昼間だけでなく夜間の営業も許可される。

元吉原時代よりも面積が約五割増となった新吉原の規模は、二万坪余にも達した。周囲には「おはぐろどぶ」と呼ばれた堀が廻らされ、廓への出入りも大門一ケ所だけに制限されたのは同じだが、面積が約五割増となったことで揚屋町などが新設される。揚屋町とは廓内に散在していた揚屋を集めて造られた町であった。

移転準備が進められるなか、翌3年正月に明暦の大火が起き、江戸城をはじめ城下町一帯が焼け野原となる。幕府はこれを教訓に、江戸城や城下町を火災から守るため城下の建物をできるだけ郊外へ移転させた。市街地のさらなる拡大の呼び水となるが、吉原移転は明暦の大火以前に決まっていたことであり、早くも同年8月から移転先での営業を開始している。

遊客は日本堤から五十間道と呼ばれた坂道をのぼって大門へと進むが、吉原に向かう者は遊女屋にあがる者だけではなかった。**吉原は地方からの観光客も数多く訪れる人気の観光名所ともなっていた**からだ。廓内のみならず、吉原周辺にも蕎麦屋、鰻屋など飲食を楽しめる店舗が数多く立ち並んでいたのである。

吉原には遊女だけが住んでいたわけではない。飲食業者のほか商人や職人も大勢住んでいた。享保6年（1721）の数字によると、

◎新吉原の間取り図

「遊女がおはぐろの汁を捨てた」「おはぐろのように黒く濁っていた」など、名前の由来については複数の説がある

約355m

約266m

（幅約3・5m）

おはぐろどぶ

羅生門河岸

京町2丁目

角町

堺町

江戸町2丁目

伏見町

茶屋

茶屋

茶屋

茶屋

茶屋

水道尻

仲の町

待合の辻

京町1丁目

揚屋町

江戸町1丁目

茶屋

茶屋

茶屋

元吉原の時には廓内に散在していた揚屋を一カ所にまとめて町を形成

浄念河岸

四郎兵衛番所

大門口

外茶屋

五十間道

外茶屋

高札場

吉原は観光名所でもあったため、蕎麦屋やうなぎ屋などの飲食店も並んでいた

衣紋坂
遊客がこの場で衣服を整えた

（『江戸博覧強記』などを元に作成）

◎移転前後の吉原地図

新吉原 1657年開設
元吉原より5割増の規模でスタート。昼間に加えて夜の営業も可能に

浅草寺

江戸城

元吉原
1618年開設

荒川

郭といっても、遊女は吉原の人口は、建物が再建されるまでの間、

人口は八一七一人。そのうち遊女は二一〇五人、遊女の使用人であった禿が九四一人であった。実は遊の約四分の一を占めるに過ぎなかった。

なお、吉原が火事で焼失した際浅草、両国、深川などで遊女屋は仮営業したが、これを「仮宅」と称した。仮宅で営業する場合は吉原で遊ぶよりも費用が少なくて済んだため、たいへん賑わったという。

第四章　寺社地の間取り

寺社地の基本

幕府から境内地として下賜された寺社地の総面積は町人地と同じく江戸の15％を占めたが、江戸時代は寺院の勢力が神社よりも遥かに強く、大半は寺院の境内地であった。

現代東京の行政区画でみてみると、台東区と港区に寺院が多かったのが特徴である。台東区には寛永寺そして浅草寺、港区には増上寺の広大な境内地があったことが大きい。

幕府から増上寺・寛永寺に広大な境内地が下賜されたのは、歴代将軍の菩提寺だったからだ。将軍に最もゆかりのある格の高い寺院である将軍の墓所（霊廟）も置かれたため、境内地は広大にならざるを得なかった。浅草寺にしても、将軍自身が参詣する寺院として両寺に次ぐ寺格を誇ったことで、広大な境内地が下賜されたのである。

一口に寺院と言っても、その格差は非常に大きい。

増上寺の寺域は約二五万坪。寛永寺に至っては三〇万坪を超え、浅草寺も一一万坪を超えた。

現在、増上寺の南側に広大な芝公園、寛永寺の南側には上野公園が広がっている。というよりも、芝公園は増上寺（浄土宗）、上野公園は寛永寺（天台宗）の境内だった。明治に入ると、この巨大な境内地が政府に取り上げられ、公園に指定されたのである。前政権（徳川将軍家）ゆかりの巨大寺院であることが両寺には仇になる。

浅草六区に象徴される浅草寺界隈の娯楽街も、本を正せば浅草寺の境内だっ

江戸の鎮守として寛永寺創建を家光に提案した天台宗の天海（模本／東京大学史料編纂所所蔵）

た。同じく明治政府に取り上げられて浅草公園となった後、娯楽街となる。

江戸開府以前にも多くの寺院があったが、徳川家康が江戸に幕府を開いたことで寺院数は激増する。その実数は分からないが、明治に入ると政府は東京（江戸）の境内地を宗派別に調査している。明治3年（1870）5月時点の集計結果だが、江戸時代の頃の数字と言ってよい。

総面積約二六六万坪のうち、トップは禅宗で約五四万七〇〇〇坪である。仏教各宗派のなかでも、禅宗は武士が信徒であることが多いが、江戸が武士の多い町であったことが反映されている数字だ。続けて、天台宗（約五二万五〇〇〇坪）、浄土宗（約五一万四〇〇〇坪）、真言宗（約四九万七〇〇〇坪）、日蓮宗（約三八万三〇〇〇坪）、一向宗（約一〇万八〇〇〇坪）、時宗（約五〇〇〇坪）の順である。

天台宗は寛永寺と浅草寺だけで四〇万坪を超え、浄土宗も増上寺が二五万坪もの広さがあったことを踏まえれば、禅宗、真言宗、日蓮宗の健闘が目立つ。一方、神社の境内地は約七万九〇〇〇坪に過ぎなかった（『明治初年の武家地処理問題』）。

◎宗派別面積（1870）

禅　宗	約54万7000坪
天台宗	約52万5000坪
浄土宗	約51万4000坪
真言宗	約49万7000坪
日蓮宗	約38万3000坪
一向宗	約10万8000坪
時　宗	約5000坪

増上寺・寛永寺

盛衰は幕府とともに 将軍の二大霊廟

将軍の霊廟が置かれた増上寺

増上寺と寛永寺は、歴代将軍の菩提寺だ。先に菩提寺に指定されたのは、増上寺である。家康は日光山東照宮に葬られたが、二代将軍の秀忠は家康の遺言により、芝の増上寺に葬られた。増上寺は徳川家の宗旨浄土宗の寺院だった。

秀忠の霊廟は、現在のザ・プリンスパークタワー東京が立つ辺りにあった。左上図をみると、左右

に御霊屋という文字がみえる。将軍が葬られた霊廟を意味する言葉だ。秀忠（台徳院）の霊廟は、左手の御霊屋である。

もう少し詳細な境内の見取り図をみてみよう（左下図）。

本堂左手にある秀忠の霊廟横には、御台所崇源院の霊廟が置かれた。秀忠と御台所の霊廟に参詣する場合は、惣門と勅額門をくぐって向かった。秀忠には霊廟のほかに宝塔も造られており、図に描か

れている五重塔がこれにあたる。本堂の右手には、秀忠以外の六人の将軍の霊廟が置かれた。本堂の裏手にある「清揚院廟」は、六代家宣の父にあたる甲府藩主徳川綱重の霊廟である。

秀忠が葬られた時点では、以後の将軍も増上寺で葬儀を執り行い霊廟が建立されるはずであった。ところが、秀忠の息子で三代将軍の座を継いだ家光の頃より、雲行きが怪しくなってくる。

◎増上寺の鳥瞰図

増上寺境内

五重塔

御霊屋
秀忠の霊廟
おたまや

御霊屋 御霊屋

山門

将軍の霊廟

番門

寺社地
町人地
山林・土手など
河川

◎増上寺の将軍家霊廟

台徳院宝塔

拝殿

御成門

勅額門
後水尾天皇
直筆の額を飾る

東照宮

惣門

台徳院廟
2代秀忠

清揚院廟
6代の父・綱重

崇源院廟
秀忠の妻・江

本堂

文昭院宝塔
14代正室和宮
慎徳院宝塔 12代家慶
14代
静寛院宝塔
昭徳院宝塔 14代家茂
有章院宝塔
惇信院宝塔 9代家重

文昭院廟
6代家宣

有章院廟
7代家継

寛永寺 vs 増上寺

叡山延暦寺である。そのモデルは、近江の比造った。現在の上野公園内に寛永寺を天台宗僧侶の天海の求めに応じて、家光は、家康の信任も厚かった

◎寛永寺の境内図

本坊
住職の住まい

御霊屋

中堂

御霊屋

大仏

（『江戸切絵図（尾張屋版）』を元に作成）

■ 寺社地・僧坊
□ 山林・土手など

叡山。寺号は創建時の元号が寛東叡山ということで山号は、東の比叡山という寺号は創建時の元号が寛にあたる上野台地に建立された。に倣って、寛永寺は江戸城の鬼門に造られ、京都鎮護を担った叡みを描いた図にも「中堂」とある。本中堂がモデルである。寛永寺比叡山が京の鬼門（北東の方角）

永であることから、寛永寺と命名
さらに、家光は家康の眠る日
光山に葬られたが、霊廟は寛永寺
にも建立された。家光の子である
四代将軍家綱、五代将軍綱吉も、
寛永寺で葬儀が行われて霊廟が建
立された。図にも「御霊屋」とある。
危機感を募らせた増上寺が幕府
に猛烈に運動したことで、六代家
宣、七代家継の霊廟は増上寺に建
立された。今度は寛永寺が巻き返
しをはかって八代吉宗の霊廟は寛
永寺に建立されたが、それ以後は
両寺のメンツを立てて、交互に霊
廟が建立される形が定着する。
だが、順番が必ずしも守られた

された。延
暦寺創建時
の元号が延
暦であった
ことに倣っ
たのだ。現
在の噴水公
園の辺りに
立っていた
中堂も、延
暦寺の代名
詞である根
だが、順番が必ずしも守られた

家光は死に臨み、増上寺ではな
く寛永寺で葬儀をするよう遺言す
る。

わけではない。一一代家斉は順番から言うと増上寺のはずだったが、寛永寺が大奥に強力に働きかけた結果らしい。その後は一二代家慶が増上寺。一三代家定は寛永寺、一四代家茂は増上寺と交互に霊廟が建立された。ただし、一五代慶喜は神式での葬儀を望んだため、公共墓地である現在の谷中霊園に葬られることになる。

当事者の両寺にとり、将軍の霊廟を自院に建立できるか否かは大問題であった。なぜなら、葬儀が執り行われて霊廟が建立されることで、**葬儀のみならず法事の際に香典料や回向料などの名目で莫大な金が落ち続けたからである。**

幕府滅亡後の寛永寺・増上寺

しかし、将軍の霊廟が置かれた両寺も、幕府が倒れて明治維新となると斜陽の時代を迎える。**政権交代の犠牲となったのだ。**

慶応４年（１８６８）５月１５日に起きた彰義隊の戦いで、寛永寺は戦場となる。江戸城に入った新政府軍に対する抵抗姿勢を崩さず、彰義隊と称して寛永寺に籠った徳川家の家臣たちに対し、新政府が総攻撃を仕掛けた結果、寛永寺の大半の伽藍が焼失してしまう。彰義隊も敗北した結果、寛永寺は約三〇万坪にも及んだ境内を取り上げられる。

後に明治政府によって上野公園に改められたが、やがて旧境内の一部は返還され、寛永寺は現在地に移転する。霊廟も縮小されてしまう。

増上寺も明治政府により広大な境内地が没収されて芝公園となるが、昭和二〇年（１９４５）３月10日の東京大空襲を受けて伽藍や霊廟の大半が焼失してしまう。戦後、霊廟を含めた境内には東京プリンスホテルなどが建設された。霊廟は整理縮小された上、徳川家霊廟として本堂の裏手に移された。霊廟内の建物の多くは、現在では西武ドーム近くの狭山不動寺に移築されている。徳川の世のもと繁栄した両寺だったが、まさに徳川恩顧の寺院だったことが災いして、新時代では憂き目に遭ってしまったのである。

江戸の
間取り
22

浅草寺
一大ショッピングセンターになった大寺院

神仏のデパート

江戸はおろか、日本を代表する寺院である**浅草寺**。将軍の菩提寺である増上寺や寛永寺よりも、その歴史ははるかに古い。推古天皇36年（628）草創の寺院だ。現在でも広大な境内を誇るが、江戸の頃はもっと広かった。

貞享2年（1685）の調査によると、境内地は三八町一反七畝にも達した。坪数にすると、一一万四五〇〇坪余もの巨大な信仰空間であった。

浅草寺境内を描いた切絵図をみてみよう。

中央部に位置する本堂には、本尊の浅草観音が祀られていた。だが図をみるとわかるとおり、境内の神仏は観音様だけではない。本堂の左手だけをみても数多くの神仏が鎮座していたことがわかるが、これは一部に過ぎなかった。

境内全体で何と一六九体もの神仏が祀られていたからである。

浅草寺境内には観音信仰以外の参詣者、つまりは一六九体の神仏、それぞれの信者が御利益を求めて集まってきた。神仏には各々縁日があるため、境内に足を踏み入れると、いわば「毎日が縁日」の世界が展開されていた。そうした光景を指して、浅草寺は神仏のデパートと研究者の間で称されることさえある。**境内に祀られている多数の神仏は、浅草寺の図抜けた**

◎浅草寺の間取り図

熊野権現
御こし屋 護摩堂
人丸社
三社権現

若宮稲荷
笠神明
地蔵菩薩
念仏堂
秋葉

閻魔

護摩壇跡
地蔵
熊谷稲荷

薬師
大黒天
恵比寿
地蔵

淡島
疱瘡神

本堂

第六天
御供水
不動聖天

文珠菩薩

普賢菩薩
山王権現
神馬
五重塔

八幡宮

春日大明神
西宮恵寿神
銭洗弁天

毘沙門
地主稲荷
平内

仁王門

境内には
神仏の社が多数
表門

（広さ…約11万4500坪）

寺社地・僧坊

山林・土手など

河川

「江戸切絵図（尾張屋版）」を元に作成

集客力の源泉となっていた。

境内に飲食店が立ち並ぶ

浅草寺は内外の観光客が押し寄せる東京の代表的な観光名所だが、その賑わいのシンボルは仲見世通りとなるだろう。雷門から仁王門へと向かう参道つまり仲見世通りに立ち並ぶ飲食店や土産物店が賑わいに拍車をかける光景は、江戸も今も同じである。

しかし、飲食店や土産物店は仲見世通りだけに立ち並んでいたのではない。境内各所、そして門前にも数多く立ち並んでいた。それも飲食店や土産物店だけではなかった。

境内に出店している店の数は時代によって違いがあるが、安永9年（1780）には二六三店を数えた。その約三割にあたる七四軒が仁王門の界隈で店を開き、次が随身門界隈で二八軒。本堂の後方で二五軒。三社権現前で二〇軒という出店状況だった。

業種でみると、水茶屋が九三軒でダントツだ。水茶屋とはお茶や軽食を提供する店であり、現代風に言えばカフェである。そのほか飲食店では、団子茶屋が九軒。飴見世が四軒。菜飯茶屋（青菜入りのご飯を売る店）が三軒出店していた。

売る店もあった。寺社境内の店と言えば今は土産物屋が定番だが、この時代は日用品も売られて飲食店だけでなく、生活用品を

多くの人でにぎわう江戸時代の浅草寺。町人だけでなく、武士や旅人と思しき人の姿もみえる（葛飾北斎『浅草金龍山観世音境内之図』）

いた。なかでも歯ブラシとして使用された楊枝や小間物などの生活用品を売る楊枝屋が六九軒を数え

浅草寺を俯瞰した図。仲見世通りにいくと飲食店や土産物屋、日用品売り場などがあり、境内全体がショッピングセンターのような顔も持っていた（『江戸名所図会』国会図書館所蔵）

た。浅草寺境内は楊枝屋が多数出店していることで知られており、看板娘を揃えて売上アップを目論んだ。お歯黒の染料である「五倍子粉」を売る店も二〇軒あった。

このほか、雷門をはじめ浅草寺の各門前で営業している店も八〇軒余あった。浅草餅、羽二重団子などの和菓子を売る店が多く、現在も仲見世近くで営業中の安政元年（1854）創業の梅園は、浅草寺別院の梅園院の一隅で開業したと伝えられる。境内と門前の店と合わせれば、その数は約三五〇軒にも達した。

寺社の境内・門前に飲食店や土産物店、そして生活用品を売る店が立ち並ぶ光景は何も浅草寺だけにあてはまることでもなかった。江戸の寺社境内地は大なり小なり、カフェ街そしてショッピングセンター街としての顔を持っていたからである。

日枝神社・神田明神

崇敬を集めた江戸城と江戸の鎮守

江戸城の鎮守・日枝神社

江戸の寺社地の総面積約二六六万坪の大半は寺院の境内地であり、神社の境内地はその約3％にあたる七万九〇〇〇坪に過ぎなかった。だが、寛永寺・増上寺に勝るとも劣らず幕府から厚く崇敬され、江戸っ子の心の拠り所になっていた神社があった。山王権現（現日枝神社）と神田明神（現神田神社）の二社である。特に山王権現は江戸城の鎮守として幕府からも崇敬された。

天正18年（1590）に北条家に代わって関東の太守となった徳川家康は、居城と定めた江戸城を関東支配の要とするため、拡張工事に着手する。二の丸や三の丸を合わせる形で本丸の規模を拡大させたが、その際に江戸城の鎮守・山王権現を徳川家の産土神として位置付ける。産土神とは生まれた土地の守り神のことである。

慶長9年（1604）には、三代将軍となる家光が江戸城内で生まれる。江戸城で生まれた家光にとり、江戸城内に鎮座する山王権現はまさしく産土神となったわけである。

家光誕生後、城内に鎮座していた山王権現社は江戸城の拡張工事に伴い、城外に遷座することになった。城内の紅葉山から半蔵門の外に遷ったが、明暦3年（1657）に起きた明暦の大火で

寺社地
町人地
山林・土手など
河川

！江戸城に近く、大名屋敷が集中

江戸城へ

彦根
井伊家

桜田門

虎ノ門

紀州
徳川家

彦根
井伊家

尾張
徳川家

日枝神社（山王権現）

寛永寺や増上寺に比べると境内は広くないが、社殿は両寺と同じ権現造。幕府の費用で建設された

江戸城の総鎮守。もとは1478年、江戸城を治めていた太田道灌が川越から勧請（神仏を別の地へも新たに迎えること）した神様。江戸を治めることになった家康は、この神を徳川家の守り神として位置付けた。江戸城内にあったが、大火で社殿が焼失したのをきっかけに、この地に遷された

社殿が焼失したのを契機に、現在地へ遷座となる。境内はさほどの規模ではないが、江戸城の鎮守そして徳川将軍家の産土神であったことから、幕府からは厚い保護を受けた。

将軍の御上覧

江戸城の鎮守だった山王権現に対し、江戸総鎮守と称されたのが神田明神である。天平2年（730）、東京の大手町に鎮座する将門塚の辺りで創建された神田明神は、太田道灌や北条家など名立たる関東の戦国武将から厚く崇敬された江戸の総鎮守だったが、慶長5年（1600）の関ヶ原合戦の際に家康の戦勝を祈願して見けていた。幕府から費用の一

事勝利を収めたことで、徳川家つまり幕府からも厚く崇敬されるようになる。

家康が死去した元和2年（1616）に現在地へ遷座し、山王権現と同じく幕府の費用で社殿が造営された。その後も、明暦の大火や目黒行人坂の大火で社殿が焼失した際は、幕府が再建を援助した。

左ページに示した神田明神の境内図をみると、本社の左手に「みこし蔵」という建物がある。平将門など神田明神の祭神の神輿を入れた蔵のことだが、その祭礼（神田祭）は山王権現の祭礼（山王祭）と同じく幕府から特別の待遇を受

江戸を代表する山王権現の祭り「山王祭」を描いた錦絵。山王権現の祭礼行列は城内に入り、将軍の御上覧を受けた（歌川貞重『山王御祭礼図（部分）』都立図書館所蔵）

江戸鎮守の社・神田明神。丸で囲った箇所に「みこし蔵」（祭礼道具を入れた倉庫）がみえる（『江戸名所図会（部分）』国会図書館所蔵）

部が補助されるだけでなく、神輿を中心とする祭礼行列が江戸城内に入ることが許され、将軍御上覧の栄誉に浴したのである。

これにより両祭は「天下祭」と称されたが、山王権現が江戸城の鎮守、神田明神が江戸総鎮守という由緒を持っていたことへの幕府の配慮に他ならなかった。それゆえ、祭礼を通じて両社の氏子である江戸っ子の心には将軍との一体感が醸成され、将軍のお膝元に住むことに限りない誇りを持つようになるのである。

寺社境内の開帳小屋

江戸の人々が殺到したイベント会場

イベント会場でもあった境内

先にみた浅草寺に限らず、寺社の境内・門前には飲食店や土産物店、生活用品を売る店が数多く立ち並んでいたが、それだけではない。多彩な芸能が興行される芝居・見世物小屋などが建つことも珍しくなかった。**境内は江戸のエンタメ空間としての顔も持っており、江戸っ子は寺社にお参りに行くと、飲食のみならず芝居や寄席**などの娯楽も日常的に楽しむことができたのである。

江戸時代は現代とは違い、イベントホールのような集客施設は限られていた。室内施設としては歌舞伎小屋が代表的なものだが、人が集まりやすい場所と言えば広大な寺社の境内地を置いて他になかったことが、エンタメ空間としての顔を持つ背景となった。そんな寺社境内地を会場に、**開帳**と呼ばれる宗教的行事も頻繁に執り行

われた。

開帳とは秘仏などを期間限定で公開する宗教的行事であり、現在でも広くおこなわれている。その寺社で開帳する居開帳（いかいちょう）と、他の寺社（宿寺と呼ばれる）の境内を借りて開帳する出開帳（でかいちょう）の二種類があった。

百万都市の江戸で開帳すると、マーケットの巨大さゆえに短期間で相当の収益を上げることが可能だった。つまりは御賽銭（おさいせん）や奉納金

富岡八幡宮 —— 当時は永代寺境内に鎮座

開帳で成田山から持ってきた本尊を安置するために設置された小屋。開帳期間中、僧侶たちも住んだ

仏具や茶器、書状など、寺院所蔵の貴重品も公開

御賽銭や奉納金が短期間で集中

土間霊宝場

守札所

霊宝　霊宝場

加持所

賽銭箱　内陣　本尊　押入　所化部屋

座敷

座敷　庭

敷石通

塔婆　入口

屋根付焼香場

敷台　玄関　廊下　廊下

詰所　茶の間　物置　居間

番人小屋

廊下

部屋　勝手　台所　物置

手水

神橋

入口

風呂場

表門　（広さ…195坪・間口約23m・奥行き約27m）

（安藤優一郎『観光都市 江戸の誕生』所収図を元に作成）

が大いに期待できた。そのため、地方の寺院は争うように江戸出開帳を企画したが、その代表的な寺院としては**成田山新勝寺**が挙げられる。

江戸時代を通じて、成田山では都合一〇回にわたり江戸出開帳を執り行った。深川永代寺（えいたいじ）の境内に造った仮設小屋に本尊の不動明王を安置し、江戸っ子の参拝を受けたのである。出開帳の期間は六〇日間だったが、以下、文化3年（1806）の江戸出開帳の事例をみていこう。

成田山が開帳場として借用したのは、当時は永代寺境内に鎮座していた格好の富岡八幡の境内である。本殿近くの四九四坪の地所を借用して本尊を安置する小屋を建

開帳場の光景

江戸出開帳の宿寺として最も使われたのは、隅田川に架かる両国橋近くに立つ**回向院**（えこういん）という寺院

てたが、開帳の許認可権を持っていた幕府の寺社奉行所に提出された開帳場（小屋）の見取り図をみてみよう。

小屋の規模は間口一三間（約二三メートル）、奥行き一五間（約二七メートル）の都合一九五坪だった。板葺き・板囲いの仮設小屋とはいえ、内部をみると居間などいくつもの部屋があった。台所・物置・風呂場までもある本格的な小屋だった。開帳期間中、成田山の僧侶たちが住んだわけである。

頻繁に開帳場を訪れ、その感想を日記に書き残した神田雉子町（きじちょう）の名主斎藤月岑（げっしん）は、自らが編纂した『江戸名所図会』でも回向院での出開帳の様子を図入りで紹介している。回向院が開帳場のシンボルのような寺院だったからだ。

天幕の下にいる僧侶は開帳されている神仏や寺社の由緒を説明している。その前方では、開帳中の神仏の姿が描かれた御札や開運の御守りなどの、様々な関連グッズが売られた。

右側には賽銭箱の前で拝む人々の姿が描かれているが、その先に

だった。当時、両国橋は人の往来が激しい場所として知られており、そうした立地環境に地方の寺院は目を付けた。

両国の回向院における出開帳の様子（『江戸名所図会』国会図書館所蔵）

開帳中の神仏があった。そして、天幕から角塔婆（回向塔という）まで張られている綱は神仏の手と塔婆を結ぶ**「御手綱」**だ。参詣者はこの御手綱を強く握りしめることで開帳された神仏の手に直接触れたことになり、御利益に与るというわけである。

賽銭箱の右手には奉納所が設けられ、その左手には奉納者の名前が書かれた提灯が掛けられている。奉納者にとり、開帳場とはPRの場でもあった。

回向院を描いた錦絵（歌川広重『名所江戸百景 両ごく回向院元柳橋』）

この図には描かれていないが、開帳小屋には神仏のほか、その寺社ゆかりの霊宝も陳列されるのが定番だった。先の開帳小屋の図をみると、「霊宝場」「土間霊宝場」というコーナーが設けられていたことがわかるが、これなどは集客力を高める工夫に他ならない。寺社はあの手この手を使って参詣者を増やすことで収益を少しでも上げようとしていたのである。

第五章　江戸郊外地の間取り

江戸郊外地の基本

町場化した周辺農村を編入して町奉行支配に組み入れることで江戸は百万都市へと成長したが、江戸の町と郊外の境目にあったのが江戸四宿と呼ばれた宿場である。

東海道品川宿、中山道板橋宿、甲州道中内藤新宿、日光・奥州道中千住宿の四つだ。

日本橋を起点として五街道は放射状に伸びていたが、その最初の宿場が江戸四宿というわけである。ただし、日光道中と奥州道中は宇都宮宿で分岐するため、千住宿は両道中最初の宿場町を兼ねる格好になっていた。

この四宿は江戸郊外にあったた

め、町奉行の支配下にはなかった。農村部を支配する幕府代官の支配下に置かれていた。言い換えると、郊外は農村地帯だったものの、宿場だけは町場化していたのである。

江戸は町が行政単位だったのに対し、農村部は村が行政単位であった。町には名主が置かれて町奉行所から行政事務を委託されたが、村も同じく名主が置かれて代官から行政事務を委任された。行政の末端機構を担っていたため、町名主は町役人、村名主は村役人と呼ばれた。

町・村役人に任命された町人や

農民は、幕府によって一般の町人や農民と差が付けられていた。苗字を名乗ることを許されたのはその一例だが、その差は住宅の造りにも表われている。一般の町人や農民には許されない玄関を構えることを許されたのだ。町・村役人として行政の末端機構を担っていたからである。

江戸時代に入ると、武士は所領の農村から引き離されて城下町に集められたが、警備のため土着させた事例もみられた。例えば、幕府は甲州道中の八王子宿周辺に「八王子千人同心」と称された武士を土着させ、甲州口警備の任務

品川宿を俯瞰した図。海に面していたことから、陸路としてだけでなく、海上交通のターミナルとしても栄えた（『東海道分間絵図（部分）』国会図書館所蔵）

江戸四宿の一つ板橋宿（渓斎英泉 『木曽街道六拾九次 板橋之駅』国会図書館所蔵）

を担わせている。ただ、武士身分であるとはいえ、郊外に巨大な敷地を有する豊かな豪農と比べると、その暮らしは質素だった。

　実はこうした郊外地も、江戸の暮らしを支えていた。行楽地として人気を集めた場所もあれば、武士の娯楽や消費を支えた場所もあったのだ。順にみていこう。

宿場町

参勤交代で利用された地域経済の中心地

客層にあわせた造りに

宿場町と言えば街道に沿って旅籠屋（こ）が立ち並んでいるのが定番の光景だが、その中心は何といっても**本陣**（ほんじん）である。江戸四宿のうち人やモノの往来が最も激しかった品川宿を事例に、本陣を中核とする宿場の街並みをみてみよう。

本陣の間取り図からも分かるとおり、表門・裏門の門構え、玄関と式台、大名が乗る駕籠のほか荷物が収納された長持を置く荷揚（にあげ）場、そして書院造りの上段の間が備わっていたのが建物の特徴だ。まさに**武家屋敷の造り**である。宿泊中は、本陣の門前に大名の名前が記された「関札」（せきふだ）という木札が立てられるのが習いだった。

歓楽街としての顔もあった

宿場町というと街道を旅する旅人を泊める町のイメージがどうし

ても強いが、実は宿泊だけの町ではなかった。様々な商人や職人が店を構えており、地域経済の中核として賑わった。

商人では米屋・八百屋・酒屋など食料品を扱う店のほか、衣料品を扱う古着屋、そして飲食店などが数多く立ち並び、旅館街というよりも商店街・飲食街であった。そうした傾向は品川宿でも確認できるが、**なかでも飲食店が多かったのが特徴**である。

◎品川宿本陣の間取り図

門番所

裏門

物置

！ 式台や上段の間など、武家屋敷の造りがベース

土蔵

上段の間

庭

畳廊下

流し

玄関

土間

荷揚場

式台

門番所

駕籠や長持(荷物入れ)
を置く場所

表門

（品川歴史館の解説図を元に作成）

門前には宿泊中の大名の名前を記した関札が立てられた

◎品川宿の規模

- ・南北2145m
- ・北品川宿、南品川宿、歩行新宿の3宿で構成
  （本陣が置かれたのは北品川宿、他に脇本陣が2）
- ・家数1561軒（1843年）
- ・人口6890人／男3272人、女3618人（1843年）

もちろん、宿場のメインが旅籠屋だったことは言うまでもない。品川宿などは**飯盛女**と呼ばれた女性が働く飯盛旅籠が九三軒、飯盛

品川宿を描いた錦絵（歌川広重『東海道五十三次 品川宿』）

女が置かれていなかった旅籠屋も一九軒あった。飯盛女とは宿泊客に御飯を盛ることを役目とした女性のことだが、別の顔も持っていた。遊女として働いたのだ。

幕府は吉原など特別に認めた場所以外での遊女商売は禁じるスタンスを取っていた。そのため、宿場であれ旅籠屋での遊女商売を認めることはできなかったが、旅人に給仕する女性を飯盛女という名目で置くことは容認した。旅籠屋が遊女として働かせていても見て見ぬふりをしたのである。

旅籠屋に必ず飯盛女が置かれたわけではない。飯盛

女を置かない旅籠屋もあったが、飯盛女を抱えることで大いに繁昌したのは事実だ。宿場の繁栄にもつながっていた。

品川宿の飯盛女の数は、幕府により五〇〇人が上限と定められていた。同じ江戸四宿の内藤新宿・板橋宿・千住宿は各一五〇人が上限とされたが、実際は規定をはるかに超える飯盛女がいた。品川宿に至っては最盛期には一五〇〇人いたと伝えられ、**北の吉原、南の品川宿と並び称されるほどの歓楽街だった。**

宿場で遊女商売を営んだのは旅籠屋だけではない。茶屋も給仕の女性を遊女として密かに働かせていた。飯盛女とともに宿場の賑わいを陰で支える存在だった。

◎品川宿の街並み

飲食店が多数立地

『品川町史 上巻』所収の宿並図などを元に作成

| 蕎　麦　屋 |
| 荒　物　屋 |
| 蔵 |
| 呉　服　屋 |
| 酒　屋 |
| 医　師 |
| 煮売り屋 |
| 蔵 |
| 足　袋　屋 |
| 荒　物　屋 |
| 旅　籠　屋 |
| 荒　物　屋 |
| 古　着　屋 |
| 旅　籠　屋 |
| す　し　屋 |
| 荒　物　屋 |
| 旅　籠　屋 |
| 旅　籠　屋 |

高札場

目黒川

北品川宿1丁目

| 旅　籠　屋 |
| 旅　籠　屋 |
| 旅　籠　屋 |
| す　し　屋 |
| 煮売り屋 |
| 餅　屋 |
| 酒　屋 |
| 旅　籠　屋 |
| 豆　腐　屋 |
| 煮売り屋 |
| 桶　屋 |
| 荒　物　屋 |
| 旅　籠　屋 |

水茶屋……64軒
煮売り屋…44軒
餅菓子屋…16軒
蕎麦屋……9軒

南品川宿1丁目

| 蕎　麦　屋 |
| 小間物屋 |
| 荒　物　屋 |
| 旅　籠　屋 |

| 脇　本　陣 |
| 旅　籠　屋 |

江戸の間取り 26

八王子千人同心組頭の家

農民でありながら武士だった江戸の警護役

土着した武士・千人同心

戦国時代まで武士は自分の所領に住むのが普通だったが、江戸時代に入ると、幕府（将軍）に仕える幕臣にせよ、藩（大名）に仕える藩士にせよ、武士は主君の居城の周辺に住むことが強制される。所領の農地から切り離されて城下町への集住を命じられたのだ。一言で言うと、兵農分離である。

そんな幕府や藩による城下町集住政策には、家臣の土地に対する支配権を弱めることで主君の権力基盤を強化したい目論見が秘められていた。自分のお膝元である城下町に住まわせることで、家臣への監視を強化できるメリットもあった。叛逆も未然に防げた。

幕府の場合は江戸の城下町に住まわせて江戸城の警備にも当たらせたが、**幕臣でありながら農村部に土着させた例外もあった。**江戸

から約四〇キロ離れた甲州中八王子宿周辺に居住した「八王子千人同心」である。

もともとは、戦国時代に甲斐の武田家に仕えた下級武士だったが、織田信長により武田家が滅ぼされると、その後甲斐を手に入れた徳川家康に召し抱えられる。そして、豊臣秀吉の命を受けて家康が関東へ転封され、江戸城を居城とすると、八王子への土着が命じられた。甲斐から甲州道中を経由

◎千人同心組頭の屋敷の間取り図

床の間付の畳敷きの部屋。
一般の農民の家には畳敷きの部屋はなかった

武士のみが許された玄関を備えることができた。ただし、来客用の設備で、住民は土間につけられた入り口を使用

座　敷（8畳）

4畳

式台

脱衣所

風呂場

居　間

5畳

勝　手

土　間

！組頭・同心は農業を営み、代官に年貢を納めた一方、幕府から扶持米を支給され、甲州道中や日光を警備

（江戸東京たてもの園の図録を元に作成）

千人同心…甲州道中から江戸へやってくる敵の侵入を阻止するために土着を命じられた者たち。元は武田家に仕えた下級武士。最初は約 1000 人だったが、後に 900 人ほどとなる。武士身分だが、組頭と同心の住居・生活は農民に類似

し、敵が関東（江戸）に侵攻してくるのを防ぐための配置だった。

千人同心は名前のとおり、その数は最初約一〇〇〇人だった。一〇人の千人頭のもとに組頭が一〇〇人、その下に同心が八〇〇人、持添抱同心が一〇〇人置かれた。合わせて約一〇〇〇人だが、後に持添抱同心が廃止されたため実数は九〇〇人ほどとなる。

一口に千人同心つまり武士と言っても、千人頭と組頭・同心では大きな格差があった。二〇〇石〜五〇〇石の知行地が与えられた千人頭はれっきとした武士だが、約三〇俵一人扶持の組頭は俸禄米も少なく、住居の外観が示すように農民のような生活を送っていた。同心に至っては、八王子宿から離れた農村部に住む上層農民であることが多かった。

普段、組頭や同心は農業を営み、幕府の代官に年貢を納めたため、支配される側の農民に他ならなかった。しかし、その一方で、同じ幕府からは扶持米などを給付され、甲州道中に加えて日光東照宮の警備などにもあたった。その時は支配側の武士の立場だった。武士と農民二つの顔を持つ稀有な存在だったのである。

農家のようだが住むのは武士

千人同心の組頭や同心が武士と農民二つの顔を持っていた理由は、他の幕臣とは違って江戸城下以外の場所に住んでいたことに求められる。そんな二面性は居住する屋敷からも確認できる。武士の家と農民の家を折衷したような構造だったからだ。

前ページの組頭屋敷の間取りをみると、武士としての家を象徴す

江戸東京たてもの園に復元された千人同心組頭の屋敷（写真：江戸東京たてもの園所蔵「Tokyo Museum Collection」収録）

千人同心組頭の塩野適斎が記した八王子の地誌（『桑都日記』国立公文書館所蔵）

る式台付の玄関が設けられていた。玄関は武士に限って許され、幕府や藩の許可なく町人や農民が居宅に玄関を造ることはできなかった。その点、組頭の実態は農民身分とはいえ、幕府からは武士としての身分を認められていたことになる。

ただし、玄関は来客用のものであり普段は使われなかった。家族の者は土間に付けられた入口から家の中に出入りした。

このように、家の内部は武士屋敷の造りそのものだが、外観はあたかも農家のようであった。茅葺きの屋根だったからである。

家の内部をみると畳敷きの部屋が二つあるが、八畳の部屋は床の間付の奥座敷だった。座敷飾りとして床の間が設けられるのはこの時代の武士の家の特徴であり、式台付の玄関と同じく、武士身分の居宅であることを示す造作だった。そもそも、一般の農民の家には畳敷きの部屋などなく、板の間の生活を強いられたのが実態である。その上に茣蓙などを敷いて座ったのだ。

武士の屋敷は主に瓦葺きだが、町人屋敷などは板葺きの屋根で、農民は茅葺きの屋根が定番だ。時期が下るにつれ、町人の屋敷でも武家屋敷のように瓦葺きの屋根が増える。城下町での火災に悩まされた幕府や藩が防火建築でもある瓦葺きを奨励したことで増えたが、農民の家（農家）は依然として茅葺き屋根のままだった。よって、茅葺きの屋根は農家のシンボルとなっていたのである。

豪農・吉野家の屋敷

御三家と交流し都市へのビジネスにも進出

商人の顔を持つ豪農

江戸時代は士農工商という身分制度が採られていたが、先に取り上げた八王子千人同心のように武士と農民二つの顔を持つ者もいれば、農民と商人二つの顔を持つ者もいた。名主など村役人クラスの豪農と呼ばれる農民は農業だけでなく、商売を営むことが珍しくなかったのである。いわゆる兼業農家のような存在だった。

武蔵国多摩郡野崎村（現東京都三鷹市）で名主役を代々務めた吉野家は、公務を務めるかたわら質屋を営んでいたほか、草鞋や草履さらには酒まで醸造して販売していた。

これは江戸に出荷したのではなく、地元で販売された。豪農には酒造業を営む者が多かったが、要するに地主であったため、収穫時期になると小作米が自然と大量に集まってしまう。それを酒造米に

転用して醸造したわけだ。そうした事情は、吉野家においてもまったく同じである。

一般の農民たちも米だけを作っていたのではない。麦や雑穀類を栽培し、江戸の市場に出荷した。商品作物の栽培により現金収入を得ていた。

吉野家は手広く商売を展開した豪農だったが、その裕福さは居宅の間取りからもよくわかる。八王子千人同心の組頭の居宅と比べて

◎豪農・吉野家の屋敷の間取り図

❗ 上級武士並みの居宅に加え、寺子屋として使われたとされる別棟や、
⚫ 年貢米や農具、質草保存用の土蔵も有していた

床の間、違棚、付書院を備えた書院造の空間

入り口には長屋門※があり、式台付の玄関とともに村役人としての威厳を示す効果があった

普段は台所のかまどを使用。村の寄合などで大勢の人が来た時には勝手のかまども使った

（江戸東京たてもの園の図録を元に作成）

※長屋門…武家屋敷の周囲を囲む長屋の一部を、門として開いた構造物。格式の高い特別な造りだった

江戸東京たてもの園に復元された吉野家の屋敷。玄関は来客時に使用された。丸印の部分が懸魚。懸魚は破風を風雨から守ったり、棟木を隠すためにつけられたが、次第に凝った装飾が施されるようになった（写真：江戸東京たてもの園所蔵「Tokyo Museum Collection」収録）

も部屋の数の多さが際立つ。奥座敷に至っては、床の間のほか違棚や付書院まで備わる書院造りであり、あたかも上級武士である旗本クラスの屋敷のようであった。下級武士の御家人は自宅に書院造りの部屋などを造る経済的な余裕はなかった。

台所と勝手にはそれぞれ竈が備え付けられていた。普段は台所の竈が使われたが、村の寄合など大勢の人がやって来た時は、勝手の竈も使って飲食の準備をした。

吉野家には居宅のほか別棟もあった。別棟には奥書院までであり、寺子屋として使用されたと伝えられている。年貢米や穀物の貯蔵、そして質草・農機具の保管に使われた土蔵が三棟もあった。そのほか倉庫である納屋もあり、手広く商売を展開した様子が建物からも窺える。なお、敷地には用水も引き入れられている。酒造に使われた竈が使われたようだ。

居宅への入口には大きな長屋門もあった。式台付の玄関とともに、村役人としての威勢を示す造りであった。

尾張藩主が鷹狩りで立ち寄る

吉野家住宅は寄棟（よせむね）造りの建物で

茅葺きの屋根を持っていたが、外観で最も目立つのは玄関である。千人同心組頭の居宅と同じく、玄関は来客用のもので普段は土間に付けられた入口から家の中に出入りしたが、破風には「鶴に雲」の懸魚（げぎょ）が付けられており、格式の高い玄関であった。幕府の許可のもと造られた特別の玄関だったのである。

そんな飾り付の玄関にしたのは、吉野家が迎える来客が非常に身分の高い人物だったからに他ならない。将軍に次ぐ高貴な身分だった徳川御三家筆頭尾張徳川家の藩主が訪れることがあったのだ。

野崎村など多摩郡は将軍や尾張藩主の鷹場に指定されていた区域

だった。江戸時代、将軍や大名は飼い慣らした鷹を野山に放って小動物を捕獲する鷹狩りを好んだ。城内で堅苦しい生活を強いられたため、鷹狩りと称して野山を馬で駆け回るのは健康にもよかったが、江戸近郊の農村は将軍のほか、徳川御三家が鷹狩する場所（御鷹場）にも指定されていた。

こうして、野崎村は尾張藩主の鷹場となったが、野外活動であり大名たる藩主が食事や休憩を取る場所はいくつか必要となる。そこで休憩所に指定されたのが寺院や村役人の居宅なのであり、吉野家はその一つだった。

休憩のため吉野家を訪れた尾張藩主は玄関からあがり、「奥座敷」の「東の間」と「中

の間」には随行の家臣たちが控えたのである。そして、吉野家の接待を受けたのである。

鷹狩の様子。吉野家が居を構えた多摩郡も、将軍や御三家によって鷹場に指定されていた（『千代田之御表 鶴御成（部分）』国会図書館所蔵）

参考文献

江戸文化歴史検定協会編 『江戸文化歴史検定公式テキスト【上級編】 江戸博覧強記』 小学館　2007年

中江克己 『図説 見取り図でわかる！ 江戸の暮らし』 青春新書インテリジェンス　2009年

大岡敏昭 『江戸時代の家』 水曜社　2017年

※本書は、弊社刊行の『百万都市を俯瞰する 江戸の間取り』『図解 江戸の間取り』を元に作成したものです。

【著者略歴】

安藤優一郎（あんどう・ゆういちろう）

歴史家。1965 年、千葉県生まれ。早稲田大学教育学部卒業、同大学院文学研究科博士後期課程満期退学（文学博士）。JR 東日本「大人の休日倶楽部」など生涯学習講座の講師を務める。おもな著書に『大名格差』『大名廃業』『徳川幕府の資金繰り』『維新直後の日本』『江戸時代はアンダーグラウンド』（彩図社）、『15 の街道からよむ日本史』（日経ビジネス人文庫）、『東京・横浜 激動の幕末明治』（有隣新書）、『徳川時代の古都』（潮新書）などがある。

本文イラスト：梅脇かおり

新版 図解 江戸の間取り

2024 年 5 月 21 日　第 1 刷

著　者　　安藤優一郎

発行人　　山田有司

発行所　　株式会社彩図社
　　　　　東京都豊島区南大塚 3-24-4
　　　　　ＭＴビル〒 170-0005
　　　　　TEL：03-5985-8213　FAX：03-5985-8224

印刷所　　シナノ印刷株式会社

URL：https://www.saiz.co.jp　　https://twitter.com/saiz_sha